학습자용 워크북

# 기초직업능력프로그램
## 대인관계능력

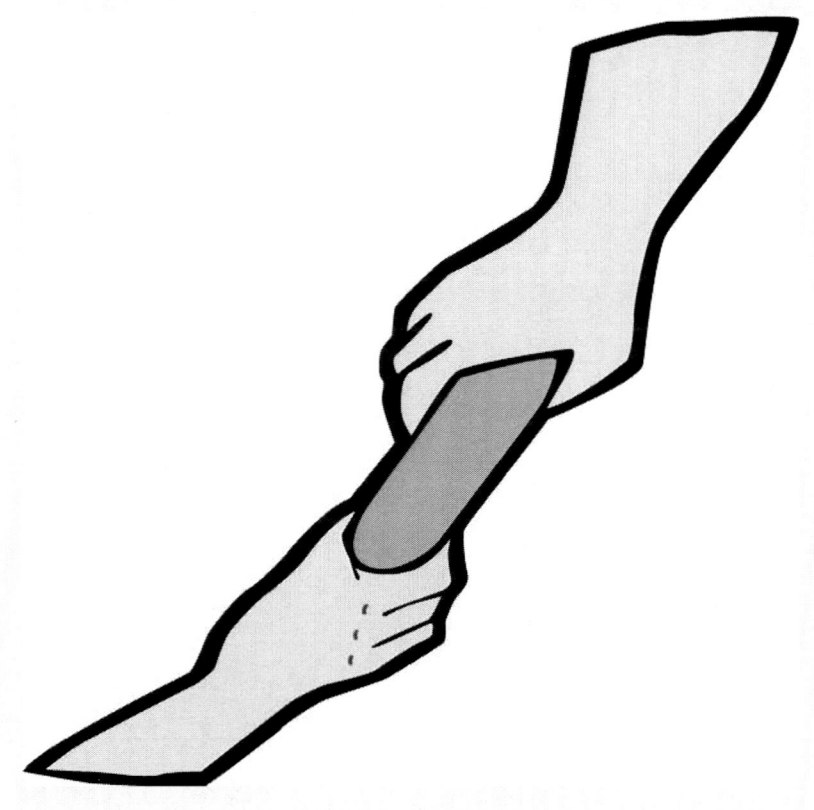

한국산업인력공단

## 활용안내

### 개요

이 프로그램은 우리나라 직업인들에게 공통적으로 요구되는 10가지 직업기초능력 가운데 하나인 대인관계능력에 대한 학습자용 워크북이다.

직업기초능력으로서의 대인관계능력이란 직장생활에서 협조적인 관계를 유지하고 조직구성원들에게 도움을 줄 수 있으며 조직내부 및 외부의 갈등을 원만히 해결하고 고객의 요구를 충족시켜줄 수 있는 능력을 의미한다. 이에 따라 직업기초능력으로서의 대인관계능력은 팀워크능력, 리더십능력, 갈등관리능력, 협상능력, 고객서비스능력으로 구분될 수 있다.

최근 직업기초능력으로서 대인관계능력의 중요성은 점차 확산되고 있으나 많은 학교나 기업에서 학습자들이 손쉽게 자신의 대인관계능력을 배양하거나 습득하는데 적절한 기본 교재가 거의 없는 실정이다. 따라서 이 교재는 모든 직업인에게 공통적으로 요구되는 대인관계능력을 학습자 스스로 자기 주도적이고 체험 중심으로 자신의 대인관계능력을 진단하고 학습하는 것을 목적으로 설계되었고 제작되었다.

### 구성

대인관계능력 워크북은 크게 활용안내, 사전평가, 학습모듈, 사후평가, 학습평가 정답, 참고자료로 구성되어 있다.

활용안내는 교재의 전체적인 개요와 구성을 설명하고, 학습자에게 교재의 효과적인 활용방법 및 학습방법을 안내하는 역할을 한다. 사전평가는 학습모듈을 학습하기 전에 대인관계능력에 대한 학습자의 현재 수준을 진단하고, 학습자에게 필요한 학습활동을 안내하는 역할을 한다.

학습모듈은 직업기초능력으로서의 대인관계능력에 대한 학습모듈(F-1)과 대인관계능력을 구성하는 각 하위능력에 대한 학습모듈(F-2-가, F-2-나, F-2-다, F-2-라, F-2-마)로 구성되어 있다. F-1 학습모듈은 직업기초능력으로서 대인관계능력을 향상시키기 위한 학습내용이 제시되어 있다. F-2-가 학습모듈은 팀워크능력 학습에 대한 것이고, F-2-나 학습모듈은 리더십능력 학습에 대한 것이며, F-2-다 학습모듈은 갈등관리능력 학습에 대한 것이고, F-2-라 학습모듈은 협상능력 학습에 대한 것이며, F-2-마 학습모듈은 고객서비스능력학습에 대한 것이다.

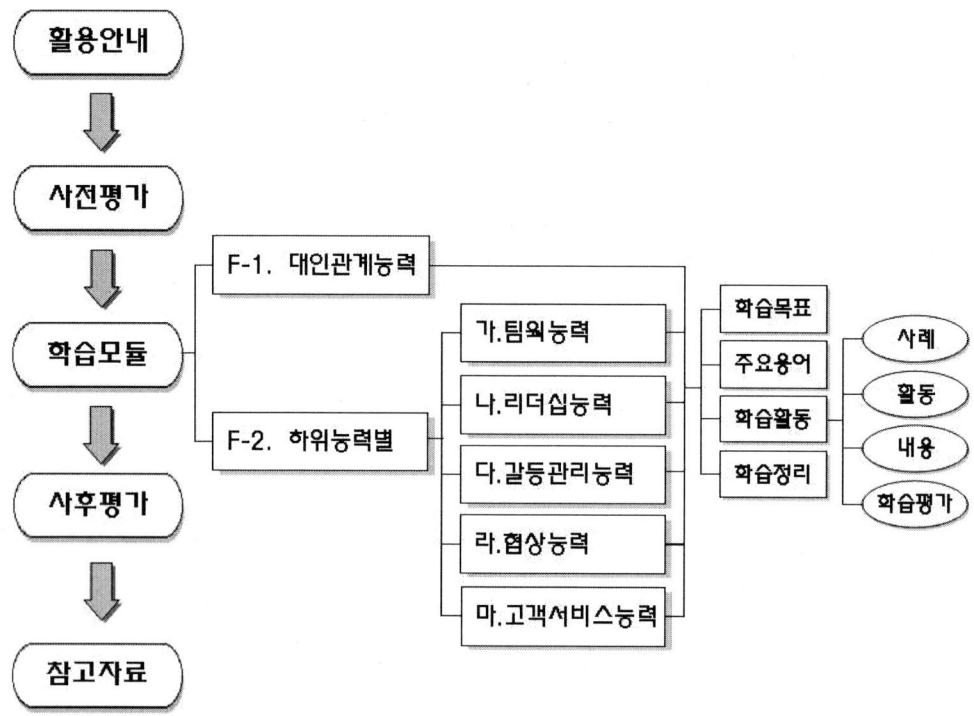

각 학습모듈은 학습목표, 주요용어, 학습활동, 학습정리로 구성되어 있다. 학습목표에는 각 학습모듈의 일반목표와 세부목표가 제시되어 있으며, 주요용어에는 각 학습모듈에 사용되는 중요한 용어(keyword)가 제시되어 있다.

학습활동에는 기본 학습활동, 보충 학습활동 혹은 심화 학습활동으로 구분된다. 기본 학습활동이란 기초를 의미하는 것이 아니라 직업기초능력으로서의 대인관계능력표준에 제시된 기본 대인관계능력을 습득하는데 유용한 필수적인 학습을 의미하고, 보충 학습활동이란 기본 학습활동을 이수하는데 어려움을 느끼는 학습자를 위한 보충적인 것으로 보다 기초적인 내용이다. 심화 학습활동이란 기본 학습활동을 이미 이해하고 있거나 기본 학습활동을 통해서 보다 심화된 것을 학습하고자 하는 학습자를 위한 것인데, 보충 학습활동과 마찬가지로 필요하다고 판단된 경우에만 제시된다. 따라서 기본 학습활동을 중심으로 학습하고, 보충 학습활동이나 심화 학습활동은 학습자에 따라 선택적으로 학습하면 된다.

각 학습활동은 사례, 활동, 내용, 학습평가로 구성되어 있다. 사례에는 직업생활 중 해당 학습활동과 관련된 다양한 사례가 제시되어 있고, 활동에는 학습자 스스로 생각해보고 자신의 의견을 정리해볼 수 있는 활동들이 제시되어 있다. 내용에는 해당 학습활동과 관련이 있는 관계지식 및 내용이 제시되어 있으며, 학습평가에는 해당 학습활동의 성취수준을 파악할 수 있는 문항이 제시되어 있다. 학습정리에는 각 학습모듈의 주요 내용이 정리되어 제시되어 있다.

사후평가에는 모든 학습모듈에 대한 학습을 마친 후 학습자들이 성취수준을 평가하고, 부족한 부분을 피드백 받을 수 있도록 하기 위한 체크리스트가 제시되어 있다. 마지막으로 참고자료에는 학습자들의 학습에 도움을 줄 수 있는 참고도서 및 인터넷사이트가 제시되어 있으며, 학습자가 자기 주도적으로 학습할 수 있도록 각 모듈의 학습평가에 대한 정답 및 해설이 제시되어 있다.

## 사용되는 심벌

각 학습활동에는 다음과 같은 심벌이 사용된다. 심벌은 기본, 심화 및 보충 학습활동을 구분하고, 학습활동을 구성하는 주요용어, 사례, 활동, 학습평가를 시각화하여 전달하여 형성하는 역할을 한다. 따라서 학습자들은 심벌을 통해 이를 기호화하여 편리하게 학습할 수 있다. 특히 직업기초능력 프로그램에서는 10가지 직업기초능력에 동일한 심볼을 사용하여 하나의 형식으로 통일감을 주고 있다.

 기본(Basic) 학습활동 : 모든 학습자가 반드시 알아야 되는 내용

 보충(Remediation) 학습활동 : 기본 학습활동을 이수하기 어려운 학습자를 위한 보다 기초적인 내용

 심화(Advanced) 학습활동 : 기본 학습활동이 충분한 학습자를 위한 심화된 내용

 주요용어 : 학습모듈에서 사용되는 중요한 단어(Key word)를 제시

 사례 : 학습활동에 대한 이해를 돕기 위한 대표적인 사례

 활동 : 학습내용에 대해 학습자들이 직접 작성하게 하는 활동

 학습평가 : 학습활동을 마친 후 단위 학습활동 내용에 대한 성취 수준을 평가

## 활용 방법

　대인관계능력 학습자용 워크북은 어떤 대인관계능력 프로그램을 집단적으로 수강하거나 개별 학습자 스스로 자기 주도적으로 대인관계능력을 학습하거나 향상하고자 할 때 모두 활용될 수 있도록 제작되었다. 즉, 이 워크북은 대인관계능력 향상을 위한 집단적인 교수 상황은 물론 개별 학습 상황에서도 활용될 수 있도록 설계되었다. 그러나 집단적인 교수 상황에서 교수자의 주된 역할은 학습을 지원하고 도모할 수 있도록 중점을 두어야 한다. 그리고 이 학습자용 워크북을 집단적인 교수 상황에서 활용하는데 교수자가 참고하거나 활용할 수 있는 다양한 지침은 교수자용 매뉴얼에 제시되어 있으니 생략하고, 여기서는 학습자 스스로 자기 주도적으로 활용하는 방법에 대해서 설명하면 다음과 같다.

　이 워크북은 처음부터 순차적으로 학습해도 좋으나 우선 사전평가를 통해서 부족한 부분을 먼저 확인하고, 그에 따라 중점적으로 학습하는 것이 효과적일 수 있다. 즉, 이 워크북 활용안내 다음에 제시된 사전평가 부분을 활용하여 현재 자신의 대인관계능력 수준을 스스로 진단할 필요가 있다.

　사전평가는 학습모듈별로 구성되어 있으며, 진단 결과 자신의 수준이 충분한 부분은 점검만 하고 다음 학습활동으로 넘어가고 자신의 수준이 부족한 부분은 진단 문항별로 제시된 관련 학습모듈 및 페이지를 참고하여 해당 학습활동을 학습하여야 한다. 또한 진단 결과에 따라서 순서를 재구성하여 학습하거나, 일부 학습내용은 제외하고 학습하여도 무방하지만, 대인관계능력에 대한 전반적인 내용을 담고 있는 F-1. 대인관계능력을 학습한 후에 세부적인 내용을 담고 있는 F-2-가 팀워크능력, F-2-나 리더십능력, F-2-다 갈등관리능력, F-2-라 협상능력, F-2-마 고객서비스능력을 학습하는 것이 바람직하다.

　학습활동은 사례, 활동, 내용, 학습평가로 구성되어 있으며, 학습활동에 대한 이해를 돕기 위한 대표적인 사례 및 학습자들이 직접 작성하는 활동을 우선 학습한 다음 관련 내용을 학습해야 한다. 또한 내용에 대한 학습이 끝난 후 학습평가를 통해서 자신의 성취수준을 파악하는 것이 필요하다.

　사후평가는 자신의 성취수준을 점검하기 위한 것으로 평가 수준에 따라 미흡한 경우 모듈 전체를 다시 복습하고, 보통인 경우 부족한 부분을 복습해야 하며, 우수인 경우 다음 학습모듈을 학습하여야 한다.

## 사전평가

### 체크리스트

■ 다음은 모든 직업인에게 일반적으로 요구되는 대인관계능력 수준을 스스로 알아볼 수 있는 체크리스트이다. 본인의 평소 행동을 잘 생각해 보고, 행동과 일치하는 것에 체크해 보시오.

| 문항 | 그렇지 않은 편이다. | 보통인 편이다. | 그런 편이다. |
|---|---|---|---|
| 1. 나는 대인관계능력의 의미와 중요성을 설명할 수 있다. | 1 | 2 | 3 |
| 2. 나는 대인관계능력 향상방법을 설명할 수 있다. | 1 | 2 | 3 |
| 3. 나는 팀 구성원들과 효과적으로 의사소통한다. | 1 | 2 | 3 |
| 4. 나는 팀의 규칙 및 규정을 준수한다. | 1 | 2 | 3 |
| 5. 나는 팀내에서 나에게 주어진 업무를 성실하게 수행한다. | 1 | 2 | 3 |
| 6. 나는 팀의 목표 달성에 필요한 자원, 시간을 파악하고 있다. | 1 | 2 | 3 |
| 7. 나는 조직원들을 동기화할 수 있다. | 1 | 2 | 3 |
| 8. 나는 리더의 행동 특성에 맞는 행동을 한다. | 1 | 2 | 3 |
| 9. 나는 조직 성과를 향상시키기 위한 전략을 제시한다. | 1 | 2 | 3 |
| 10. 나는 수시로 조직원에게 코칭을 활용한다. | 1 | 2 | 3 |
| 11. 나는 앞장서서 바람직한 변화를 선도한다. | 1 | 2 | 3 |
| 12. 나는 타인과 의견차이가 있을 때 원인을 파악한다. | 1 | 2 | 3 |
| 13. 나는 타인과 대화할 때 생각과 가치관을 배려한다. | 1 | 2 | 3 |
| 14. 나는 타인과의 갈등을 줄이기 위해서 노력한다. | 1 | 2 | 3 |
| 15. 나는 타인과의 갈등을 조절할 수 있는 방법을 활용한다. | 1 | 2 | 3 |
| 16. 나는 대화시 쟁점사항이 무엇인지 파악한다. | 1 | 2 | 3 |
| 17. 나는 대화시 상대방의 핵심요구사항을 파악한다. | 1 | 2 | 3 |
| 18. 나는 대화시 상대방을 설득하기 위해서 노력한다. | 1 | 2 | 3 |
| 19. 나는 협상할 때 사전에 전략을 수립한다. | 1 | 2 | 3 |
| 20. 나는 고객의 유형에 따라서 대응한다. | 1 | 2 | 3 |
| 21. 나는 고객의 요구를 수시로 파악한다. | 1 | 2 | 3 |
| 22. 나는 고객의 불만사항을 해결하려 노력한다. | 1 | 2 | 3 |

## 평가 방법

체크리스트의 문항별로 자신이 체크한 결과를 아래 표를 이용하여 해당하는 개수를 적어보자.

| 문항 | 수준 | 개수 | 학습모듈 | 교재 page |
|---|---|---|---|---|
| 1~2번 | 그렇지 않은 편이다. | (   )개 | F-1 대인관계능력 | pp.9-20 |
| | 그저 그렇다. | (   )개 | | |
| | 그런 편이다. | (   )개 | | |
| 3~6번 | 그렇지 않은 편이다. | (   )개 | F-2-가 팀워크능력 | pp.21-52 |
| | 그저 그렇다. | (   )개 | | |
| | 그런 편이다. | (   )개 | | |
| 7~11번 | 그렇지 않은 편이다. | (   )개 | F-2-나 리더십능력 | pp.53-91 |
| | 그저 그렇다. | (   )개 | | |
| | 그런 편이다. | (   )개 | | |
| 12~15번 | 그렇지 않은 편이다. | (   )개 | F-2-다 갈등관리능력 | pp.92-120 |
| | 그저 그렇다. | (   )개 | | |
| | 그런 편이다. | (   )개 | | |
| 16~19번 | 그렇지 않은 편이다. | (   )개 | F-2-라 협상능력 | pp.121-146 |
| | 그저 그렇다. | (   )개 | | |
| | 그런 편이다. | (   )개 | | |
| 20~22번 | 그렇지 않은 편이다. | (   )개 | F-2-마 고객서비스능력 | pp.147-167 |
| | 그저 그렇다. | (   )개 | | |
| | 그런 편이다. | (   )개 | | |

## 평가 결과

진단방법에 따라 자신의 수준을 진단한 후, 한 문항이라도 '그렇지 않은 편이다'가 나오면 그 부분이 부족한 것이기 때문에, 제시된 학습내용과 교재 page를 참조하여 해당하는 학습내용을 학습하시오.

## 학습모듈

F-1: 대인관계능력 ················································· p. 9
    Ⓑ 1 : 대인관계능력의 의미와 중요성 ·············· p. 10
    Ⓑ 2 : 대인관계 향상방법 ···································· p. 14

F-2 : 하위능력별

F-2-가: 팀워크능력 ················································· p. 21
    Ⓑ 1 : 팀워크의 의미 ·········································· p. 22
    Ⓑ 2 : 효과적인 팀의 특성 ································ p. 26
    Ⓑ 3 : 멤버십의 의미 ·········································· p. 34
    Ⓐ 1 : 팀워크 촉진 방법 ···································· p. 40
    Ⓐ 2 : 팀워크 강화 게임 ···································· p. 47

F-2-나: 리더십능력 ················································· p. 53
    Ⓑ 1 : 리더십의 의미 ·········································· p. 54
    Ⓑ 2 : 리더십 유형 ·············································· p. 60
    Ⓑ 3 : 동기부여 방법 ·········································· p. 66
    Ⓑ 4 : 코칭으로 리더십 역량 강화 ···················· p. 71
    Ⓑ 5 : 임파워먼트의 의미 ·································· p. 78
    Ⓐ 1 : 변화관리 방법 ·········································· p. 83

F-2-다: 갈등관리능력 ·········································································· p. 92

  Ⓑ 1 : 갈등의 의미와 원인 ··················································· p. 93

  Ⓑ 2 : 갈등의 쟁점 및 유형 ··················································· p. 98

  Ⓑ 3 : 갈등해결방법 모색 ····················································· p. 104

  Ⓑ 4 : 윈-윈 갈등관리법의 의미 ············································ p.110

  Ⓐ 1 : 조직의 갈등 줄이는 방법 ············································ p.116

F-2-라: 협상능력 ················································································· p.121

  Ⓑ 1 : 협상의 의미 ································································ p.122

  Ⓑ 2 : 협상의 과정 ································································ p.128

  Ⓑ 3 : 협상전략의 종류 ························································· p.134

  Ⓐ 1 : 상대방 설득 방법 ······················································· p.140

F-2-마: 고객서비스능력 ······································································ p.147

  Ⓑ 1 : 고객서비스의 의미 ····················································· p.148

  Ⓑ 2 : 고객의 불만 표현 유형 및 대응방안 ························· p.153

  Ⓑ 3 : 고객 불만 처리 프로세스 ·········································· p.158

  Ⓐ 1 : 고객만족조사 방법 ····················································· p.162

# 학습모듈 F-1 : 대인관계능력

대인관계능력은 직장생활에서 협조적인 관계를 유지하고 조직구성원들에게 도움을 줄 수 있으며, 조직내부 및 외부의 갈등을 원만히 해결하고 고객의 요구를 충족시켜줄 수 있는 능력을 의미한다. 직업인이 조직 내에서 조직구성원으로서 원만한 관계를 유지하여 자신의 역할을 충실히 수행하기 위해서는 대인관계능력의 함양이 필수적이다.

## 학습목표

**일반목표**
직장생활에서 협조적인 관계를 유지하고 조직구성원들에게 도움을 줄 수 있으며, 조직내부 및 외부의 갈등을 원만히 해결하고 고객의 요구를 충족시켜줄 수 있는 능력을 기를 수 있다.

**세부목표**
1. 대인관계의 의미와 중요성을 설명할 수 있다.
2. 직장생활에서 대인관계를 향상시키기 위한 방법을 활용할 수 있다.

## 주요용어

| 대인관계 | 대인관계 향상방법 |

 **1. 직업인들은 직장생활을 하면서 다양한 사람들과 마주하게 된다. 그렇다면 직장생활에서 대인관계능력이 중요한 이유는 무엇일까?**

직장생활을 하다 보면 많은 사람들을 만나고, 또 함께 일하게 된다. 그리고 요즘 같이 일의 규모가 커진 실정에 혼자서 어떤 일을 하기란 매우 힘들다. 그러므로 대인간의 관계를 원활히 유지하고, 개발하는 능력은 실로 중요하게 여겨지고 있다.

### 출세와 성공의 조건

어느 부모가 자녀들의 출세와 성공에 관심을 갖지 않을까. 그러나 정작 무엇을 어떻게 해주면 그렇게 되는지에 대해선 정확하게 알지 못하는 부모가 적지 않다. 흔히들 가지고 있는 오해와 신화는 '공부 잘하면 출세하고 성공한다'는 믿음이다. 요즘 큰 사회문제로 지적되고 있는 과외열풍도 결국은 학교공부를 잘해야 출세하고 성공한다는 믿음에서 나온 행동이다.

한 사람의 출세와 성공에 가장 큰 영향을 주는 변수는 학교성적이 아니라 대인관계능력을 포함한 EQ능력이다. 어떻게 이렇게 단정할 수 있을까? 즉 어떤 증거와 근거가 있길래 한 사람의 출세와 성공에 학교성적보다 EQ가 더 중요하다고 말할 수 있다.

첫 번째 증거는 하버드 대학의 졸업생을 대상으로 한 연구에서 나온다. 95명을 선정해 그들의 졸업 당시 성적과 20년 후인 40대에서의 출세와 성공순위를 매겨 본 후 비교해본 결과다. 출세와 성공의 기준으로 봉급, 지위, 인생만족도, 친구, 가족, 배우자와의 관계 등 다양한 내용을 측정했다. 결론부터 말하면 학교성적과 출세, 성공은 별 관련성이 없다는 것이다.

〈사례 계속〉

두 번째 증거는 '보스턴 40년 연구'라는 것에서 나온다. 헬즈만이라는 보스턴 대학 교수가 7살 된 아이 450명을 선정하고, 40년이 지난 후 그들의 사회경제적 지위를 조사해본 것이다. IQ는 물론이고 부모들의 사회경제적 지위를 포함한 여러 변수들을 고려했다. 40년 후 이들의 출세 및 성공을 가장 잘 설명해준 변수는 좌절을 극복하는 태도, 감정통제능력, 타인과 어울리는 능력 등으로 나타났다.

세 번째 증거는 일리노이고교 졸업자 연구에서 제시된다. 이 고등학교 수석과 차석 졸업자 81명을 대상으로 조사한 결과 그들의 사회적 출세와 성공은 성적이 낮은 집단과 비교했을 때 별다른 차이를 보이지 않았다는 것이다.

네 번째 증거는 미국 카네기멜론 대학에서의 조사 연구 결과이다. 대인관계가 인생의 성공에 어느 정도 영향을 미치는지에 대한 조사 결과, 지적 능력이나 재능이 성공에 미치는 영향은 15%에 불과했고 대인관계가 성공에 미치는 영향은 85%로 절대적인 것으로 나타났다.

이러한 증거는 모두 외국에서 얻어진 것이지만, 출세와 성공에 있어서 EQ가 IQ나 학교성적보다 더 중요하고 대인관계 능력이 다른 어떤 능력보다 더 중요한 역할을 하리라는 예측은 우리나라에도 그대로 적용될 수 있으리라 생각된다.

특히 청소년기는 예비사회인으로서 직업인으로서의 삶을 준비하는 과정이기 때문에 바람직한 대인관계에 대하여 깊이 있게 생각하고 삶에 대한 가치관을 재정립할 필요가 있다. 그렇지 않으면 개인에 대한 사회적 기대와 역할, 사회생활과 직장생활의 적응에 따른 문제가 생겨날 수 있다.

출처 : 문용린 교수 특강(서울대학교) 수정

## 활동

✏️ 직장생활 중 대인관계능력이 무엇인지 나름대로의 생각을 기술해주십시오.

___

___

___

___

✏️ 현재 자신의 대인관계능력 중 좋은 점과 개선이 필요한 점에 대해 나름대로 기술해 주십시오.

| 좋은점 | 개선점 |
|---|---|
|  |  |

## 내용

자기 혼자서 아무리 일을 잘하는 사람이라도 조직의 사람들과 잘 융화하지 못하면 그 능력을 잘 발휘하지 못하는 것이 요즘 직업 현장의 흐름이다. 특히 사회가 민주화되고 수평적 네트워크 체제가 보편화된 현대사회의 직업인에게 있어서 대인관계능력은 매우 중요한 요소가 된다. 직업 현장에서 생각하는 대인관계능력을 정의하면 아래와 같다.

> 대인관계능력이란 직장생활에서 협조적인 관계를 유지하고, 조직구성원들에게 도움을 줄 수 있으며, 조직내부 및 외부의 갈등을 원만히 해결하고 고객의 요구를 충족시켜줄 수 있는 능력이다.

인간관계를 형성할 때 가장 중요한 요소는 무엇을 말하느냐, 어떻게 행동하느냐 보다 우리의 사람됨이다. 만약 우리의 말이나 행동이 깊은 내면에서 나오는 진정성이 없이 피상적인 인간관계 기법이나 테크닉에서 나온다면 상대방도 곧 우리의 이중성을 감지할 것이다. 말하자면 우리는 효과적인 상호의존성을 위해 필요한 상호 신뢰와 교감, 관계를 만들 수도 유지할 수도 없게 될 것이다.

**대인관계**에 있어서 정말로 중요한 기법이나 기술은 독립적인 성품으로부터 자연스럽게 나오는 것이어야 한다. 다른 사람의 인간관계를 형성하기 시작하는 출발점은 자신의 내면이고, 우리 자신의 내적 성품이다. 우리가 독립적이 될 때, 즉 주도적이고 올바른 원칙에 중심을 두며 가치 지향적이고 생활에서 소중한 것부터 우선적으로 계획하고 성실하게 실행할 때에야 비로소 다른 사람들과의 관계를 풍부하고 지속적이며 생산적으로 만들 수 있다. 이때에야 상호의존적이 될 수 있는 자격이 생긴다.

☞ 보다 심화된 내용은 교수자용 매뉴얼의 교수자료 참고 (p. 41)

## 학습평가

1. 대인관계능력의 정의 중 빈칸에 알맞은 말을 채워 넣으시오.

| 대인관계능력이란 직장생활에서 협조적인 관계를 유지하고, 조직구성원들에게 도움을 줄 수 있으며, 조직 내부 및 외부의 (    )을 원만히 해결하고 고객의 (    )를 충족시켜줄 수 있는 능력이다. |

2. 인간관계에 있어서 가장 중요한 것은 무엇인가?
   ① 어떻게 행동하느냐 하는 것
   ② 피상적인 인간관계 기법
   ③ 외적 성격 위주의 사고
   ④ 자신의 사람됨, 깊은 내면

☞ 정답 및 해설 p.178

 **2. 직업인들은 직장생활에서 대인관계능력이 매우 중요하다는 것을 인식하고 있으면서도 정작 대인관계능력을 향상시키기 위해서는 어떻게 하여야 하는지 모르는 경우가 많다. 그렇다면 대인관계능력을 향상시키기 위한 방법은 무엇일까?**

우리 모두는 은행계좌가 무엇인지 잘 알고 있다. 우리는 은행에 계좌를 만들고 이를 통해 예입을 하며 필요할 때 인출할 수 있도록 잔고를 남긴다. '감정은행계좌'란 인간관계에서 구축하는 신뢰의 정도를 은유적으로 표현한 것이다.

## 사 례

〈사례 A〉

동아리에서 12명의 단원이 설악산에 캠핑을 갔다. 저녁 무렵에 목적지에 도착하자 할 일이 많아졌다. 짐을 옮기고 텐트를 쳐야 하고, 식사와 여흥 준비도 해야 했다. 이런 일에 늘 앞장서는 사람은 철수였다. 철수는 부지런히 짐을 나르고 땀을 흘리며 텐트를 치고 식사를 준비하였다. 그런데 정호는 쉬기 편한 곳을 찾아 자리를 깔고 앉아 은혜와 이야기꽃을 피우기 시작했다. 이윽고 식사가 마련되자 정호는 가장 좋은 자리를 먼저 차지하고 식사를 하였다. 철수는 모든 일에 솔선수범하고 희생하였고, 정호는 언제나 자신에게 유리한 기회만 찾아다니곤 하였다.

〈사례 B〉

나는 몇 년 전에 두 아들과 함께 저녁시간을 보낸 적이 있다. 체조와 레슬링을 구경하고 영화를 관람하고 돌아오는 길에, 날씨가 몹시 추웠기 때문에 나는 코트를 벗어서 작은 아이를 덮어 주었다. 큰 아이는 보통 재미있는 일이 있으면 수다스러운 편인데, 그날 따라 유난히 계속 입을 다물고 있었고 돌아와서는 곧장 잠잘 채비를 하였다. 그 행동이 이상해서 큰 아이의 방에 들어가서 아이의 얼굴을 보니 눈물을 글썽이고 있었다. "얘야 무슨 일이니? 왜 그래?". 큰 아이는 고개를 돌렸고 나는 그 애의 떨리는 눈과 입술 그리고 턱을 보며 그 애가 약간 창피함을 느끼고 있음을 눈치챘다. "아빠, 내가 추울 때 나에게도 코트를 덮어 줄꺼에요?". 그날 밤의 여러 프로그램 중 가장 중요한 것은 바로 그 사소한 친절행위였다. 작은 아이에게만 보여준 순간적이고 무의식적인 애정이 문제였던 것이다.

### 〈사례 C〉

나는 지키지 못할 약속은 절대로 하지 않는다는 철학을 가지고 이를 지키기 위해 노력해왔다. 그러나 이 같은 노력에도 불구하고 약속을 지키지 못하게 되는 예기치 않은 일이 발생하면 그 약속을 지키든가, 그렇지 않으면 상대방에게 나의 상황을 충분히 설명해 약속을 연기한다.

### 〈사례 D〉

P치과의 원장은 의술이 뛰어날 뿐만 아니라 마음씨가 따뜻하고 사려심이 깊은 사람이다. 그가 입사한 지 얼마 안되는 L간호사와 주고 받는 대화이다. "L간호사, 우리 병원에 온 지 얼마나 됐소?" "3개월 되었습니다." "그렇게 밖에 되지 않았는데 정말 놀랍게 잘하네. 아주 마음먹고 잘해보겠다고 결심을 한 모양이지? 난 L간호사가 우리 병원에 와준 것이 너무 자랑스러워." 그리고나서 원장은 이런 저런 상황의 업무들을 친절하게 설명하였다. 반면에, S치과의 원장은 간호사의 실수에 늘 못마땅하여 "아직도 그것을 못해?"라고 핀잔을 주기 일쑤였다. 그러다보니 C치과는 간호사가 자주 바뀌었고, 사소한 일들도 원장이 직접 해야 했다. 하지만 P치과는 이직률이 낮고 간단한 일은 대부분 간호사가 다 처리하였다. 따라서 의사가 더 많은 환자를 진료할 수가 있었다.

### 〈사례 E〉

직장동료 K는 상사에게 매우 예의가 바른 사람이다. 그런데 어느 날 나와 단 둘이 있을 때, 상사를 비난하기 시작하였다. 나는 순간 K에 대해 의심이 들었다. 내가 없을 때 그가 나에 대한 악담을 하지 않을까?

### 〈사례 F〉

직장동료 H는 업무상의 문제로 나와 자주 갈등을 빚곤 한다. 처음에는 H가 "제 잘못이었습니다."라는 식으로 사과를 하여 좋은 관계를 유지해왔다. 하지만 같은 일이 반복되면서 그가 사과를 하더라도 이제는 별로 신뢰가 가지 않는다.

## 활 동

✐ 위의 페이지에서 제시된 사례를 읽고, 앞으로 자신의 대인관계능력 향상과 관련하여 느낀 점이 있으면, 자유롭게 적어보도록 하자.

| 사례 | 사례를 통해 느낀점 |
|---|---|
| A | <ul><li></li><li></li><li></li></ul> |
| B | <ul><li></li><li></li><li></li></ul> |
| C | <ul><li></li><li></li><li></li></ul> |
| D | <ul><li></li><li></li><li></li></ul> |
| E | <ul><li></li><li></li><li></li></ul> |
| F | <ul><li></li><li></li><li></li></ul> |

# 내 용

우리 모두는 은행계좌가 무엇인지 잘 알고 있다. 우리는 은행에 계좌를 만들고 이를 통해 예입을 하며 필요할 때 인출할 수 있도록 잔고를 남긴다. 감정은행계좌란 인간관계에서 구축하는 신뢰의 정도를 은유적으로 표현한 것이다. 만약 우리가 다른 사람의 입장을 먼저 이해하고 배려하며, 친절하고 정직하게 약속을 지킨다면 우리는 감정을 저축하는 셈이 된다.

그러면, 감정은행계좌를 적립하기 위한 여섯 가지 주요 예입 수단을 살펴보자.

## ① 상대방에 대한 이해와 양보

대인관계란 바로 이해와 양보의 미덕을 기반으로 이루어지며, 이러한 심성이 주변사람들을 편안하게 해주고 조직을 부드럽게 하는 윤활유 같은 역할을 한다. 상대방의 입장에서 양보하고 배려하는 노력은 타인의 마음 속에 저축하는 가장 중요한 예입수단이 된다. 이 저축은 시간이 갈수록 이자가 늘어 세월이 지나면 큰 가치로 되돌아온다. 감정은행계좌에 예입을 하기 위해서는 나보다 상대방의 입장을 먼저 이해하고 배려하는 노력이 있어야 한다. 다른 사람들에 대한 이해와 양보는 그들과의 유대관계를 강화하고 당신에 대한 인격과 신뢰를 쌓게 되는 것이다. 나의 작은 희생과 양보가 계속 쌓여 나중에는 큰 이익으로 돌아올 수 있는 것이다.

## ② 사소한 일에 대한 관심

약간의 친절과 공손함은 매우 중요하다. 이와 반대로 작은 불손, 작은 불친절, 하찮은 무례 등은 막대한 인출을 가져온다. 인간관계에서의 커다란 손실은 사소한 것으로부터 비롯된다. 사람들은 매우 상처받기 쉽고 내적으로 민감하다. 이 점은 나이나 경험과는 별 상관이 없으며, 비록 외적으로 대단히 거칠고 냉담하게 보이는 사람도 내적으로는 민감한 느낌과 감정을 누구나 갖고 있다.

## ③ 약속의 이행

책임을 지고 약속을 지키는 것은 중요한 감정예입 행위이며 약속을 어기는 것은 중대한 인출 행위이다. 사실 어떤 사람에게 대단히 중요한 약속을 해놓고 어기는 일보다 더 큰 인출 행위는 없다. 그러한 인출 행위가 발생하고 나면 다음에 약속을 해도 상대가 믿지 않게 마련이다. 사람들은 대개 약속에 대한 기대가 크게 마련이다. 만약 당신이 스스로 한 약속을 항상 지키는 습관을 갖는다면 당신과 동료 사이에 이해의 간격을 이어주는 신뢰의 다리를 놓게 될 것이다.

### ④ 칭찬하고 감사하는 마음

얼마 전 "칭찬은 고래도 춤추게 한다"는 베스트셀러가 있었다. 상대방에 대한 칭찬과 감사의 표시는 상호 신뢰관계를 형성하고 사람의 마음을 움직이게 되어 중요한 감정예입 행위가 된다. 그러나 상대방에 대한 불만과 불평은 커다란 인출을 가져온다. 대인관계의 손상은 상호간에 신뢰가 무너지고 불신과 불만이 쌓일 때부터 비롯된다. 사람들은 작은 칭찬과 배려, 감사하는 마음에 감동하게 되지만, 사소한 무관심과 불만에 쉽게 상처를 받게 된다.

### ⑤ 언행일치

개인의 언행일치는 신뢰를 가져오고 감정은행계좌에 많은 종류의 예입을 가능케 하는 기초가 된다. 언행일치는 정직 그 이상의 의미를 갖는다. 정직은 사실대로 말하는 것으로 우리가 하는 말을 사실과 일치시키는 것이다. 언행일치는 사실을 우리의 말에 일치, 즉 실현시키는 것으로 약속을 지키고 기대를 충족시키는 것이다.

### ⑥ 진지한 사과

진지한 사과는 감정은행계좌에 신뢰를 예입하는 것이다. 그러나 반복되는 사과는 불성실한 사과와 마찬가지로 받아들여져 신용에 대한 인출이 된다. 또한 평소 어떤 관계였는가에 따라 사과는 예입이 될 수도 있고 인출이 될 수도 있다. 실수를 저지르는 것과 그것을 인정하지 않는 것과는 완전히 별개의 문제이다. 사람들은 실수를 기꺼이 용서하려고 한다. 왜냐하면 실수란 보통 순간적인 판단 착오로 빚어지기 때문이다. 그러나 사람들은 의도적인 실수, 즉 나쁜 취지나 나쁜 동기 혹은 처음의 실수를 덮어 버리려는 오만한 정당화 등에 대해서는 쉽게 용서하려 들지 않는다.

☞ 보다 심화된 내용은 교수자용 매뉴얼의 교수자료 참고 (p. 50)

## 학습평가

1. 감정은행계좌에 예금을 적립하기 위한 수단 6가지를 작성해보자. 그리고 대인관계능력 향상을 위해 이들 중 어느 것이 가장 중요한 요소가 될지를 생각해보자.

   ① 상대방에 대한 이해와 양보
   ② 사소한 일에 대한 관심
   ③
   ④
   ⑤
   ⑥

2. 다음 중 감정은행계좌에 예금을 적립하는 경우가 <u>아닌</u> 것은?
   ① 다른 사람을 진정으로 이해하기 위해 노력하였다.
   ② 상대방의 사소한 일에도 관심을 기울였다.
   ③ 항상 약속을 지키려고 노력하였다.
   ④ 잘못한 일에 대해서 반복되는 사과를 하였다.

   ☞ 정답 및 해설 p.178

## 학습정리

1. 대인관계능력이란 직장생활에서 협조적인 관계를 유지하고, 조직구성원들에게 도움을 줄 수 있으며, 조직 내부 및 외부의 갈등을 원만히 해결하고 고객의 요구를 충족시켜줄 수 있는 능력이다.

2. 대인관계를 형성할 때 가장 중요한 요소는 무엇을 말하느냐, 어떻게 행동하느냐 보다는 우리의 사람됨이라 할 수 있다. 대인관계에 있어서 정말로 중요한 기법이나 기술은 독립적인 성품으로부터 자연스럽게 나오는 것이어야 한다.

3. 대인관계 향상이란 인간관계에서 구축하는 신뢰의 정도를 높이는 것을 의미한다. 다른 사람에 대해 공손하고 친절하며, 정직하고 약속을 지킨다면 신뢰를 높이는 셈이 된다.

4. 대인관계를 향상시키는 방법에는 상대방에 대한 이해, 사소한 일에 대한 관심, 약속의 이행, 기대의 명확화, 언행일치, 진지한 사과 등이 있다.

## 2. 하위능력별 학습

## 학습모듈 F-2-가 : 팀워크능력

현대와 같이 경쟁이 치열한 환경에서 팀워크를 개발하고 지속시키는 일은 매우 중요하다. 실제로 조직이 생존에 급급해할지 또는 여유롭게 성장과 발전을 구가할지 여부는 팀을 효과적으로 운영하는데 달려 있다. 이 때 모든 구성원이 조직의 주인으로서 사고하고 결정을 내리는 것은 매우 중요한 요건이다. 팀원 각자는 자신을 유용한 자원이라고 인식하고 고품질 팀을 창조하기 위해 팀워크능력 향상이 필수적이다.

### 학습목표

**일반목표** 직장생활에서 다른 구성원들과 목표를 공유하고 원만한 관계를 유지하며, 자신의 역할을 이해하고 책임감 있게 업무를 수행하는 능력을 기를 수 있다.

세부목표
1. 팀워크의 의미를 설명할 수 있다.
2. 효과적인 팀의 특성을 설명할 수 있다.
3. 멤버십의 의미를 설명할 수 있다.
4. 직장생활에서 팀워크를 촉진시키기 위한 방법을 활용할 수 있다.

### 주요용어

팀    팀워크    멤버십

 1. 운동경기를 보다보면 개인의 능력도 중요하지만 팀워크가 매우 중요하다는 것을 알 수 있다. 직장생활에서도 마찬가지로 팀워크 능력을 극대화할 때 성과는 극대화될 것이다. 팀워크능력이란 무엇인지 알아보자.

우리는 업무수행에 있어서 뿐만 아니라 일상생활에서도 팀워크란 말을 자주 사용한다. 스포츠 세계에서 말하는 팀다운 팀의 조건은 직업 세계에도 그대로 적용된다. 팀이라고 소개되는 집단을 살펴보면, 함께 상호작용하는 방식에 대해 가장 중요한 사항조차도 이해하지 못하는 개인들이 단순히 모여 있는 것에 불과한 경우가 흔하다. 그러한 집단은 진정한 팀이 될 기회를 가져 보지 못할 것이다.

 사 례

### 스포츠에서의 팀워크

조정경기 만큼 팀원들과 협동심이 강조되는 종목은 없을 것이다. 특히 팀원들은 조타수를 전적으로 믿고 조타수의 지시 아래 일사분란하게 움직여야만 소기의 목적을 이룰 수 있다. 경기하는 중에는 모든 팀원들이 힘들고 지치게 마련이다. 이런 어려운 상황에 처해 있을 때 팀원 중 한 명이라도 노를 움직이지 않으면 다른 팀원들이 더 열심히 노를 저어야 한다. 그렇지 않으면 배는 이리저리 방황하게 된다.

또, 축구에서 가장 중요한 요소는 무엇일까? 많은 사람들은 개인기라고 말 할 것이다. 하지만 가장 중요한 것은 팀워크이다. 일례로 맨체스터 유나이티드(맨유)의 알렉스 퍼거슨 감독은 팀워크를 제일 중요하게 여기는 감독이다. 그는 팀워크를 해치는 선수라면 그가 아무리 탁월한 능력을 가진 수퍼스타라도 내쳐 버린다. 데이비드 베컴, 반 니스텔루이, 로이 킨이 그들이었다. 이들은 누가 봐도 맨유에서 없어선 안될 우수한 존재였지만 이들이 팀워크를 해치자 인정사정 없이 내쳤던 것이다. 이런 퍼거슨 감독의 냉정한 모습이 오늘의 맨유를 있게 한 원동력이 된 것이다. 이처럼 축구에서 팀워크가 중요한 이유는 바로 축구가 개인 스포츠가 아니라 팀 스포츠이기 때문이다.

조직에서도 조직구성원간의 팀워크가 무엇보다도 강조된다. 리더는 조타수와 같이 팀워크와 체력을 안배해서 목표를 결정해야 하고, 팀원들은 목표지점인 결승점에 도달하기 위해 리더의 지휘에 충실히 따라야 능력을 배가할 수 있다.

우리는 혼자서 하기 어려운 일을 합심해서 성취한 성공사례를 주위에서 종종 보게 된다. 성공사례의 면면을 들여다보면 팀원들 간의 협동심과 희생정신이 바탕을 이루어 시너지 효과를 나타낸 경우가 대부분이다. 팀워크는 조직의 목표를 효과적으로 달성하기 위한 지름길이다.

## 활 동

여러분은 팀다운 팀이 경기하는 모습을 지켜본 적이 있습니까? 이는 단순히 화려한 경기를 펼치는 팀을 말하는 것이 아니다. 팀다운 팀이란 각자 적합한 포지션을 배정받은 선수들이 한 마음으로 서로 호흡을 맞춰 노력한 결과 계속해서 승리하는 진정한 팀을 말한다. 이런 팀에 대하여 우리는 흔히 팀워크가 좋다는 표현을 한다. 그렇다면, 팀워크란 무엇인가?

팀워크란 무엇인지 각자의 생각을 적어보도록 하자.

팀워크를 우리는 흔히 응집력이라 표현하기도 한다. 그렇다면 팀워크와 응집력은 같은 것인가? 아니면 다른 것인가?

팀워크와 응집력의 차이에 대해서 각자의 생각을 적어보도록 하자.

| 팀워크 | 응집력 |
|---|---|
| ▶ | ▶ |
| ▶ | ▶ |
| ▶ | ▶ |
| ▶ | ▶ |
| ▶ | ▶ |

## 내용

**팀워크**의 정의는 너무나 다양하다. 이것을 이해하는 것이 팀워크를 향상시키는데 첫 번째 단계라 할 수 있다. 팀워크에 대한 정의는 다음과 같이 내릴 수 있다.

'팀워크(teamwork)'란 팀 구성원이 공동의 목적을 달성하기 위하여 상호관계성을 가지고 서로 협력하여 업무를 수행하는 것을 말한다. => Teamwork = Team + Work

여기서 볼 수 있듯이 팀워크의 정의는 팀(team)과 일(work)이라는 키워드를 지니고 있다. 그렇다면 응집력과 팀워크는 어떤 차이가 있을까?

우선, 응집력은 "사람들로 하여금 집단에 머물도록 만들고, 그 집단의 멤버로서 계속 남아 있기를 원하게 만드는 힘"이라 할 수 있다. 즉, 팀워크와 응집력의 차이는 팀이 성과는 내지 못하면서 분위기만 좋은 것은 팀워크가 좋은 것이 아니고 응집력이 좋은 것이다. 단순히 모이는 것을 중요시하는 것이 아니라 목표달성의 의지를 가지고 성과를 내는 것이 바로 팀워크이다.

| 팀 워 크 | 응 집 력 |
|---|---|
| - 팀 구성원이 공동의 목적을 달성하기 위해 상호 관계성을 가지고 서로 협력하여 일을 해 나가는 것 | - 사람들로 하여금 집단에 머물도록 만들고, 그 집단의 멤버로서 계속 남아 있기를 원하게 만드는 힘 |

훌륭한 팀워크를 유지하기 위해 팀원들이 갖추어야 할 기본요소는 다음과 같다.
가. 팀원 간에 공동의 목표의식과 강한 도전의식을 갖는다.
나. 팀원 간에 상호 신뢰하고 존중한다.
다. 서로 협력하면서 각자의 역할과 책임을 다한다.
라. 솔직한 대화로 서로를 이해한다.
마. 강한 자신감으로 상대방의 사기를 드높인다.

팀워크는 팀 구성원들이 공동의 목적을 달성하기 위해 각자가 맡은 역할에 따라 서로 협력적으로 행동하는 것을 말하는데, 이러한 팀워크를 저해하는 요소는 다음과 같다.
가. 조직에 대한 이해 부족
나. 자기중심적인 이기주의
다. '내가'라는 자아의식의 과잉
라. 질투나 시기로 인한 파벌주의
마. 그릇된 우정과 인정
바. 사고방식의 차이에 대한 무시

## 학습평가

1. 다음 중 팀워크에 대한 설명으로 적절하지 않는 것은?
   ① 팀워크란 팀 구성원이 공동의 목적을 달성하기 위해 상호 관계성을 가지고 협력하여 일을 해 나가는 것을 의미한다.
   ② 팀워크란 사람들로 하여금 집단에 머물도록 만들고, 그 집단의 멤버로서 계속 남아 있기를 원하게 만드는 힘을 의미한다.
   ③ 팀워크를 위해서는 공동의 목표의식과 상호 신뢰가 중요하다.
   ④ 효과적인 팀워크를 형성하기 위해서는 명확한 팀 비전과 목표설정을 공유하여야 한다.

☞ 정답 및 해설 p.178

 2. **효과적인 팀이란 팀 에너지를 최대로 활용하는 고성과 팀이다. 팀원들의 장점을 잘 인식하고 강점을 잘 활용하여 팀의 목표를 달성하는 자신감에 찬 팀일 것이다. 그렇다면 효과적인 팀과 그렇지 않은 팀은 어떠한 차이가 있을까?**

### 지휘자가 없는 오케스트라

일반적으로 오케스트라는 지휘자와 악단이 균형과 조화를 이룰 때 최고의 선율이 흘러나온다. 오케스트라가 팀이라면 지휘자는 리더이다. 통일성 속에서 개성이 살아나고 전체 선율 속에서 각 악기가 가진 고유한 소리를 낼 때 가장 빛난다. 최고의 팀워크가 만들어내는 산물이다.

그런데, 여기 다른 유형의 오케스트라가 있다. 수요일 저녁, 카네기홀은 훌륭한 음악회에 대한 기대로 가득 차 있다. 오르페우스 실내 악단이 따뜻한 박수갈채를 받으며 무대에 자리를 잡았으며, 연주자는 모두 자신에 차 있었다. 이 오케스트라는 다른 오케스트라와 다른 점이 있다. 바로 지휘자가 없다는 점이다.

1972년 첼리스트 줄리안 파이퍼(Julian Fifer)가 창립한 오르페우스 악단은 구성원 모두에게 음악을 지휘할 권한을 준다. 오르페우스 지휘자의 단일 지도력에 의존하기보다 구성원의 기술, 능력, 정열적인 신뢰에 의존하도록 만들어졌다. 음악을 연주하는 사람에게 권한을 주려는 결정은 위계질서를 기본으로 하는 전통적인 오케스트라와는 근본적으로 다른 구조를 필요로 했다. 창립 멤버는 민주적 가치를 기반으로 하는 실내악에서 영감을 찾았는데, 작은 앙상블(10명 이내)은 자율지도 팀처럼 움직이면서 권한, 책임, 리더십, 그리고 동기부여를 함께 한다.

## 활 동

효과적인 팀을 구축하기 위해서는 먼저 자신의 팀의 현재 상태를 파악하는 일이 필요하다. 다음에 제시된 워크시트에 따라 현재 자신이 속한 팀의 현상을 평가해보고, 보다 팀워크를 향상시키기 위해 자신이 할 수 있는 일에 대해서 생각해보도록 하자.

다음의 문항에 대해 여러분의 팀을 평가해보도록 하자(아직 팀을 구축하지 않았다면, 과거에 몸담았던 팀을 평가하라). 효과적인 팀의 특징과 관련하여 당신의 팀을 7점 척도 상에서 평가하라. 7점은 당신의 팀이 매우 뛰어남을, 1점은 여러분의 팀이 매우 부족한 상태임을 의미한다.

| 문 항 | 매우 부족함<-------------->매우 우수함 | | | | | | |
|---|---|---|---|---|---|---|---|
| 1. 팀의 사명과 목표가 명확하다. | 1 | 2 | 3 | 4 | 5 | 6 | 7 |
| 2. 창조적으로 운영된다. | 1 | 2 | 3 | 4 | 5 | 6 | 7 |
| 3. 결과에 초점을 맞춘다. | 1 | 2 | 3 | 4 | 5 | 6 | 7 |
| 4. 역할과 책임을 명료화시킨다. | 1 | 2 | 3 | 4 | 5 | 6 | 7 |
| 5. 조직화가 잘 되어 있다. | 1 | 2 | 3 | 4 | 5 | 6 | 7 |
| 6. 개인의 강점을 활용한다. | 1 | 2 | 3 | 4 | 5 | 6 | 7 |
| 7. 리더십 역할을 공유하며 구성원 상호간에 지원을 아끼지 않는다. | 1 | 2 | 3 | 4 | 5 | 6 | 7 |
| 8. 팀 풍토를 발전시킨다. | 1 | 2 | 3 | 4 | 5 | 6 | 7 |
| 9. 의견의 불일치를 건설적으로 해결한다. | 1 | 2 | 3 | 4 | 5 | 6 | 7 |
| 10. 개방적으로 의사소통한다. | 1 | 2 | 3 | 4 | 5 | 6 | 7 |
| 11. 객관적인 결정을 내린다. | 1 | 2 | 3 | 4 | 5 | 6 | 7 |
| 12. 팀 자체의 효과성을 평가한다. | 1 | 2 | 3 | 4 | 5 | 6 | 7 |
| 전체점수 : _____점 | | | | | | | |

| 점수 구분 | 내용 해석 |
|---|---|
| 75~84 | 축하할 만한 일이다. 당신의 팀은 거의 최고의 수행수준에 도달해 있다. 이처럼 높은 수준의 팀을 계속 유지하는 것이 당신의 목표가 될 것이다. |
| 65~74 | 꽤 훌륭하다. 개선의 여지가 있긴 하지만, 여러분의 팀은 바람직한 상태에 있다. |
| 55~64 | 여러분의 팀은 문제를 안고 있다. 그 중 어떤 문제들은 심각하다. 문제해결을 위해서 가장 점수가 낮은 특징을 개선하는데 중점을 둘 필요가 있다. |
| 54 이하 | 팀원들은 팀의 일원으로 기능을 하지 못하고 있다. 여러분의 팀은 팀빌딩의 기초부터 시작할 필요가 있다. |

✏️ 당신의 팀과 관련하여 다음 사항을 논의해 보자.

1) 팀의 강점은 무엇인가? 높은 점수를 받게 된 이유는 무엇인가?

2) 팀의 개선영역은 무엇인가? 이들 영역에서 높은 점수를 받지 못한 이유는 무엇인가?

✏️ 보다 활력에 찬 팀을 만들기 위해 당신은 어떤 아이디어를 가지고 있는가?

## 내 용

효과적인 **팀**이란 팀 에너지를 최대로 활용하는 고성과 팀이다. 팀원들의 강점을 잘 인식하고 이들 강점을 잘 활용하여 팀 목표를 달성하는 자신감에 찬 팀이다. 또한 효과적인 팀은 업무 지원과 피드백, 그리고 동기부여를 위해 구성원들이 서로 의존하는 팀이다. 한마디로 말해서 효과적인 팀은 다른 팀들보다 뛰어나다.

효과적인 팀은 공통적으로 어떤 핵심적인 특징을 가지고 있다. 효과적인 팀의 핵심적인 특징은 다음과 같다.

### ● 팀의 사명과 목표를 명확하게 기술한다.

팀은 명확하게 기술된 목적과 목표를 가질 필요가 있다. 이는 지금 당장 해야 할 일을 이해할 뿐만 아니라 팀이 전체적으로 초점을 맞추고 있는 부분을 이해하는 것이다. 목표와 목적을 공유하면, 팀원들은 팀에 헌신하게 된다. 따라서 효과적인 팀의 리더는 팀의 목표를 규정하는데 모든 팀원을 참여시킨다.

### ● 창조적으로 운영된다.

실험정신과 창조력은 효과적인 팀의 중요한 지표이다. 이러한 팀은 서로 다른 업무수행 방식을 시도해 봄으로써 의도적인 모험을 강행한다. 실패를 두려워하지 않으며, 새로운 프로세스나 기법을 실행할 수 있는 기회를 추구한다. 또한 효과적인 팀은 문제를 다루거나 결정을 내릴 때 유연하고 창조적으로 행동한다.

### ● 결과에 초점을 맞춘다.

필요할 때 필요한 것을 만들어내는 능력은 효과적인 팀의 진정한 기준이 된다. 효과적인 팀은 개별 팀원의 노력을 단순히 합친 것 이상의 결과를 성취하는 능력을 가지고 있다. 이러한 팀의 구성원들은 지속적으로 시간, 비용 및 품질 기준을 충족시켜 준다. "최적 생산성"은 바로 팀원 모두가 공유하는 목표이다.

### ● 역할과 책임을 명료화시킨다.

효과적인 팀은 모든 팀원의 역할과 책임을 명확하기 규정한다. 팀원 각자는 자신에게서 기대되는 바가 무엇인지를 잘 알고 있으며, 동료 팀원의 역할도 잘 이해하고 있다. 효과적인 팀은 변화하는 요구와 목표 그리고 첨단 기술에 뒤쳐지지 않도록 역할과 책임을 새롭게 수정한다.

● **조직화가 잘 되어 있다.**

효과적인 팀은 출발에서부터 규약, 절차, 방침을 명확하게 규정한다. 잘 짜여진 구조를 가진 팀은 자체적으로 해결해야 하는 모든 업무과제의 요구에 부응할 수 있다.

● **개인의 강점을 활용한다.**

스포츠 팀의 코치는 운동선수가 지닌 역량을 끊임없이 파악한다. 이와 마찬가지로, 효과적인 팀의 리더는 팀이 지닌 지식, 역량 및 재능을 정기적으로 파악한다. 팀 리더는 팀원의 강점과 약점을 잘 인식하며, 따라서 팀원 개개인의 능력을 효율적으로 활용한다.

● **리더십 역량을 공유하며 구성원 상호간에 지원을 아끼지 않는다.**

효과적인 팀은 팀원간에 리더십 역할을 공유한다. 이러한 팀은 모든 팀원에게 각각 리더로서 능력을 발휘할 기회를 제공한다. 또한, 팀의 공식 리더가 팀 노력을 지원하고 팀원 개개인의 특성을 존중하기 때문에 팀원들은 감독자의 역할을 충분히 이해할 수 있다.

● **팀 풍토를 발전시킨다.**

효과적인 팀의 구성원들은 높은 참여도와 집단 에너지(즉, 시너지)를 갖고서 열정적으로 함께 일한다. 팀원들은 협력하여 일하는 것이 더욱 생산적이라고 느끼며 팀 활동이 흥미와 원기를 회복시킨다고 본다. 이러한 팀은 고유한 성격을 더욱 발전시켜 나간다.

● **의견의 불일치를 건설적으로 해결한다.**

어떤 팀에서든 의견의 불일치는 발생한다. 그러나 논쟁은 나쁘거나 파괴적이지만은 않다. 효과적인 팀은 갈등이 발생할 때 이를 개방적으로 다룬다. 팀원은 갈등의 존재를 인정하며, 상호신뢰를 바탕으로 솔직하게 토의를 함으로써 갈등을 해결한다.

● **개방적으로 의사소통한다.**

효과적인 팀의 구성원들은 서로 직접적이고 솔직하게 대화한다. 팀원 각자는 상대방으로부터 조언을 구하고, 상대의 말을 충분히 고려하며, 아이디어를 적극적으로 활용한다.

● **객관적인 결정을 내린다.**

효과적인 팀은 문제를 해결하고 의사결정을 하는데 있어 잘 정리되고 전향적인 접근

방식을 가지고 있다. 결정은 합의를 통해 이루어진다. 따라서 모든 사람들은 내려진 결정을 준수하고 기꺼이 이를 지원하고자 한다. 팀원들은 어떠한 결정에 대해서든 각자의 생각을 자유롭게 개진한다. 이를 통해 결정을 명확하게 이해하고 수용하며, 상황별 대응계획(예비계획)을 마련한다.

● **팀 자체의 효과성을 평가한다.**

팀은 자체의 운영방식에 대해 일상적으로 점검할 필요가 있다. '지속적인 개선'과 '전향적 관리'는 효과적인 팀의 운영원리이다. 따라서 만약 업무수행에 문제가 발생하더라도 심각한 상태가 되기 전에 해결할 수 있다.

높은 성과를 이루는 팀은 그것을 갑자기 이룬 것이 아니다. 모든 팀원들이 소속감을 느낄 수 있는 효율적인 팀으로 발전하기 위해서는 시간과 단계가 필요하다.

팀의 발전과정은 형성기, 격동기, 규범기, 성취기의 네 단계로 이루어진다(Bruce Tuckman). 이 단계들을 알면 팀 운영과정에서 야기되는 문제를 이해하고 어려운 역경을 효과적으로 해결해나가는데 도움이 된다.(조은경, 2007)

● **1단계 : 형성기(forming)**

먼저, 형성기 단계에서 팀원들은 안전하고 예측할 수 있는 행동에 대한 안내와 지침이 필요하기 때문에 리더에게 상당히 의지한다. 팀원들을 팀에서 인정받기를 원하며, 다른 팀원들을 신뢰할 수 있는지 확인하고 싶어 한다. 그들은 팀에 대한 기대를 형성하면서 팀원들 사이의 유사성과 논쟁을 피하기 위해 단순하게 유지되며, 심각한 주제들과 생각들에 대한 논의는 회피된다. 팀원들은 서로에게 뿐만 아니라 과제에 몰두하기 위해 노력한다. 논의는 주로 과제의 범위를 정하고, 그것에 접근하는 방법에 집중하여 이루어진다.

여기서 다음 단계로 성장하기 위해 팀원들은 비위협적인 주제에 안주할 생각을 접고 마찰의 가능성을 각오해야 한다.

● **2단계 : 격동기(storming)**

격동기 단계의 특징은 경쟁과 마찰이다. 팀원들이 과제를 수행하기 위해 체계를 갖추게 되면서 필연적으로 마찰이 일어난다. 개인은 그룹의 기준과 기대에 맞추기 위해 고집을 꺾고, 그들의 아이디어, 태도, 감정, 믿음이 어우러지게 해야 한다. 팀원 간의 마찰이 그룹의 문제로 표면화될 수 있고 아닐 수도 있지만, 그것은 존재하기 마련이다.

어떤 일에 대한 책임을 누가 질 것인지, 규칙은 무엇인지, 보상체계는 어떠한지, 그리고 평가기준은 어떻게 되는지에 대한 질문들이 제기될 것이다. 따라서 리더십, 구조, 권한, 권위에 대한 문제 전반에 걸쳐서 경쟁심과 적대감이 나타난다.

다음 단계로 전진하기 위해 팀원들은 시험과 검증의 자세에서 문제해결의 자세로 바꿀 수 있는 길을 찾아야 한다. 그렇게 될 수 있도록 돕는 가장 효과적인 도구는 효과적으로 경청하고 의사소통을 할 수 있는 능력이다.

● 3단계 : 규범기(norming)

규범기 단계에 이르면 인간관계에 더욱 응집력이 생긴다. 팀원 전체의 기여에 대해 더 잘 이해하고 인정한다. 공동체 형성과 팀의 문제해결에 더욱 집중한다. 다른 팀원들과 의견이 엇갈릴 때는 개인적인 사심 또는 고집을 버리고 적극적으로 논의하며, 리더십이 공유되고 파벌이 사라지기 시작한다. 팀원들이 서로를 알게 되고 파악하기 시작하면 신뢰수준이 향상되고, 이는 단결력을 심화시켜 준다. 팀원들은 상호 간의 마찰을 해결함에서 얻는 만족감과 공동체 의식을 경험하기 시작한다.

이 단계에서도 가장 중요한 기능은 팀원 간의 의사소통이다. 솔직하게 감정과 생각을 나누고, 서로 간에 피드백을 주고 요청하며, 과제와 관련된 대처사항들을 체계적으로 조사하기 시작하면서 창의력과 생산성이 왕성해진다. 솔직한 의사소통과 응집력이 이루어지는 이 단계에 이르면, 팀원들은 팀의 일부라는 것에 대해 만족해 한다.

● 4단계 : 성취기(performing)

모든 팀들이 성취기 단계에 이르는 것은 아니다. 팀원들이 이 지점으로 전진하기 위해 그들의 역량과 인간관계의 깊이를 확장함으로써 진정한 상호의존성을 달성할 수 있어야 한다. 동등한 효율성을 발휘하는 팀 또는 총체적인 단위로서 독립적으로 일할 수 있도록 말이다. 그들의 역할과 권한들이 팀과 팀원 개개인들의 변화 욕구에 역동적으로 따라주어야 한다. 이것이 가장 생산적인 팀의 모습이 될 것이다.

팀원들이 스스로 책임을 지게 되고, 전체의 인정을 받으려는 욕구는 더 이상 중요하게 생각되지 않는다. 팀원들은 대단히 과제지향적이자 인간지향적이며, 조화를 이루고 사기충천하며, 팀으로서의 충성심을 보여준다. 전체적인 목표는 문제해결과 일을 통한 생산성이며, 이는 팀이 이룰 수 있는 최적의 단계로 이끌어진다.

## 학습평가

1. 효과적인 팀의 특성을 5개 이상 적어보고, 각각이 무엇을 의미하는지 적어보자.

| 효과적인 팀의 특성 | 의미 |
|---|---|
| 1. 팀의 사명과 목표를 명확하게 한다. | |
| 2. 창조적으로 운영한다. | |
| 3. 개방적으로 의사소통한다. | |
| 4. 객관적인 결정을 내린다. | |
| 5. 팀 자체의 효과성을 평가한다. | |

2. 여러분이 몸담고 있는 팀의 발전단계가 어느 단계인지 평가해보도록 하자(아직 소속한 팀이 없다면 과거에 몸담았던 팀을 평가하라). 또, 현재 단계에서 보다 성숙한 팀으로 발전하기 위해 필요하다고 생각하는 당신의 아이디어는 무엇인가?

☞ 정답 및 해설 p.179

 3. 직업인으로서 직장생활에 필요한 리더십에 대한 이야기는 많이 들었기 때문에 쉽게 그 의미를 파악할 수 있을지 모르지만, 멤버십에 대한 이야기는 많이 듣지 못하였을 것이다. 과연 멤버십과 리더십은 무슨 차이가 있는지 알아보자.

## 사 례

### 기업팀장과 팀원의 아침회의

K : 좋은 아침입니다. 어제 말씀드린 보고서는 완성이 됐나요?
L : 네, 아직 완성은 못했습니다. 솔직히 시간이 많이 부족했습니다.
K : 보고서를 준비하는데 어려운 점은 없었나요?
L : 팀장님이 지시해주신 대로 하니 그다지 큰 어려움은 없었습니다만, 주신 자료 중에 팀장님이 잘못 생각하고 계신 부분이 있는 것 같습니다.
K : 저도 몰랐던 부분이네요. 잘못된 점이 무엇인지 말씀해주시겠습니까?
L : 주신 자료 중에 일부 통계자료가 정확하지 않은 것 같습니다. 전년도 자사의 여성용품 매출액과 브랜드 선호도의 자료가 특히 그렇더군요.
K : 아, 그렇습니까? L씨가 보완해주실 수 있으시겠습니까?
L : 네, 그렇게 하도록 하겠습니다. 대신 기한을 주말까지 연장해주시면 안되겠습니까?
K : 네, 그러도록 합시다. 부족한 부분까지 세심하게 처리해주어서 고맙습니다. 그럼 수고하십시오.

## 활 동

흔히 조직이 성공하기 위해서는 리더십을 잘 발휘하는 리더와 멤버십을 잘 발휘하는 우수한 멤버가 있어야 한다고 한다. 리더십과 멤버십은 분명히 서로 다른 개념이다. 그러나 두 개념은 독립적인 관계가 아니라 상호 보완적이며 필수적인 관계이다. 그렇다면 멤버십이란 무엇인가?

✎ 멤버십이란 무엇인지 각자의 생각을 적어보도록 하자.

✎ 그렇다면 리더십 유형이 아닌 멤버로서의 자신의 멤버십에 대해 생각해보자. 다음의 질문에 대해 자신에게 해당한다고 생각하는 것에 체크해보자.

| 질 문 | 거의 드물다<-------------------->거의 언제나 |||||||
|---|---|---|---|---|---|---|---|
| 1. 당신의 일은 자신에게 중요한 그 어떤 사회적 목표나 개인적인 꿈을 성취하는데 도움이 되는가? | 1 | 2 | 3 | 4 | 5 | 6 | 7 |
| 2. 당신 개인의 업무목표가 조직의 최고목표와 일치하는가? | 1 | 2 | 3 | 4 | 5 | 6 | 7 |
| 3. 당신은 최선의 아이디어와 능력을 일과 조직에 쏟아 붇고 지극히 헌신적이며 정력적으로 일하는가? | 1 | 2 | 3 | 4 | 5 | 6 | 7 |
| 4. 당신의 열의가 확산되어 동료 직원들을 활기차게 만드는가? | 1 | 2 | 3 | 4 | 5 | 6 | 7 |
| 5. 리더의 지시를 기다리거나, 떠맡지 않고 조직에 가장 중요한 목표를 성취하기 위해 무엇이 중요한 활동인지를 자신이 판단하는가? | 1 | 2 | 3 | 4 | 5 | 6 | 7 |
| 6. 리더와 조직에 더욱 가치 있는 사람이 되기 위해서 당신은 독특한 능력을 적극적으로 발휘하는가? | 1 | 2 | 3 | 4 | 5 | 6 | 7 |
| 7. 새로운 일이나 임무가 시작되었을 때, 리더가 중요한 의미라고 생각하는 부분에서 곧바로 공적을 세우는가? | 1 | 2 | 3 | 4 | 5 | 6 | 7 |
| 8. 당신이 부족한 점을 채울 것이라는 점을 믿고, 리더는 어려운 임무를 당신에게 맡기는가? | 1 | 2 | 3 | 4 | 5 | 6 | 7 |
| 9. 당신은 자신의 업무범위를 벗어나는 일도 찾아내서 성공적으로 완수하기 위해 솔선수범 하는가? | 1 | 2 | 3 | 4 | 5 | 6 | 7 |
| 10. 리더의 부재시에도 맡은 일보다 많은 일을 하고 능력껏 일하는가? | 1 | 2 | 3 | 4 | 5 | 6 | 7 |
| 11. 리더나 조직의 목표에 크게 공헌할 수 있는 새로운 아이디어를 독자적으로 고안해서 적극적으로 제기하는가? | 1 | 2 | 3 | 4 | 5 | 6 | 7 |

<표 계속>

| 질 문 | 거의 드물다<------------------>거의 언제나 | | | | | | |
|---|---|---|---|---|---|---|---|
| 12. 리더에게 의존해서 어려운 문제를 해결하기 보다는 스스로 해결하려 하는가? | 1 | 2 | 3 | 4 | 5 | 6 | 7 |
| 13. 자신은 아무런 인정을 받지 못할 때라도 다른 동료들이 좋은 평가를 받도록 돕는가? | 1 | 2 | 3 | 4 | 5 | 6 | 7 |
| 14. 필요한 경우 일부러 반대의견을 개신해서라도 리더와 팀이 실패의 위험성을 볼 수 있도록 돕는가? | 1 | 2 | 3 | 4 | 5 | 6 | 7 |
| 15. 리더의 요구나 목표 제약을 이해하고 그것을 충족시키기 위해서 열심히 일하는가? | 1 | 2 | 3 | 4 | 5 | 6 | 7 |
| 16. 자신에 대한 평가를 미루기 보다는 장점과 약점을 적극적이고 솔직하게 인정하는가? | 1 | 2 | 3 | 4 | 5 | 6 | 7 |
| 17. 단지 지시 받은 일을 하는 것에서 탈피하여 리더가 내린 판단이 얼마나 현명한가를 스스로 평가해 보는 습관이 있는가? | 1 | 2 | 3 | 4 | 5 | 6 | 7 |
| 18. 리더가 전문분야나 개인적인 흥미에 정면으로 배치되는 일을 줄 때 'No'라고 하는가? | 1 | 2 | 3 | 4 | 5 | 6 | 7 |
| 19. 리더나 팀의 기준이 아니라 자신의 윤리적 기준에 따라 행동하는가? | 1 | 2 | 3 | 4 | 5 | 6 | 7 |
| 20. 당신이 속한 집단과 의견이 다르거나 리더로부터 질책을 당한다고 해도 당신은 중요한 이슈에 대해서 자기견해를 주장하는가? | 1 | 2 | 3 | 4 | 5 | 6 | 7 |

멤버십 진단결과를 작성해보고, 멤버십 유형을 확인해보자.

| A | 점수 | B | 점수 |
|---|---|---|---|
| 1 | | 2 | |
| 5 | | 3 | |
| 11 | | 4 | |
| 12 | | 6 | |
| 14 | | 7 | |
| 16 | | 8 | |
| 17 | | 9 | |
| 18 | | 10 | |
| 19 | | 13 | |
| 20 | | 15 | |
| 총점 | | 총점 | |

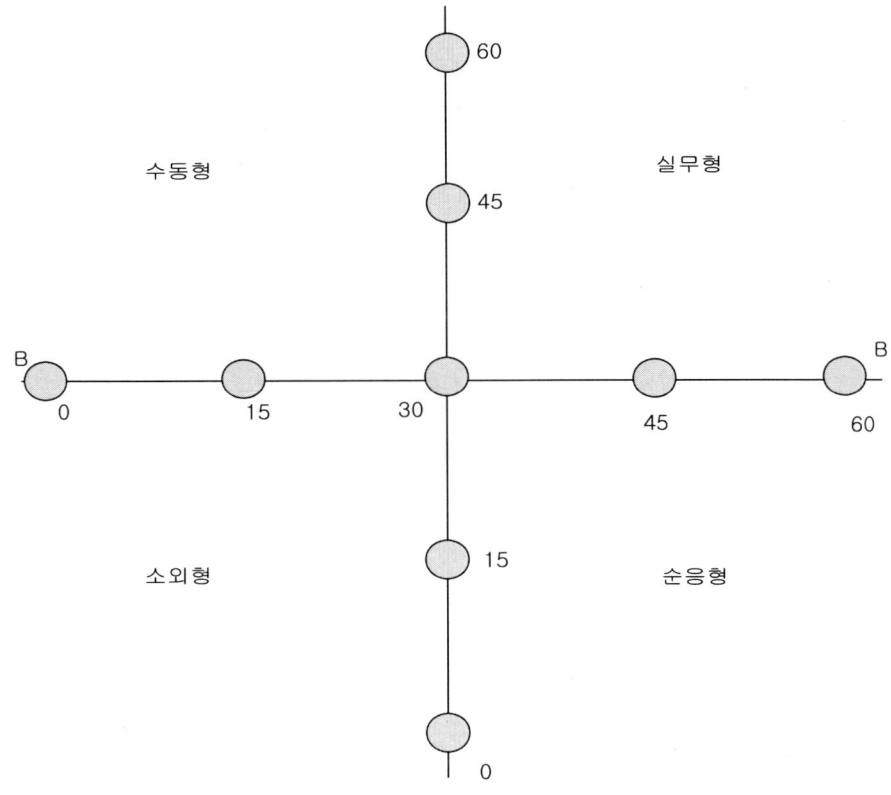

# 내용

리더십과 **멤버십**의 두 개념은 상호 보완적이며 필수적인 관계이다. 좋은 리더가 나쁜 멤버를 만난 경우, 좋은 리더가 나빠질 수 있고, 나쁜 리더가 좋은 멤버를 만난 경우, 나쁜 리더가 좋은 리더가 될 수도 있음을 상기하여야 한다. 결국 어떠한 리더를 만나더라도 멤버로서 해야 할 역할을 정확히 인식하는 것이 중요하다.

리더십과 멤버십은 서로 다른 개념이며 각기 별도의 역할을 가지고 있다. 그러나 두 개념은 독립적인 관계가 아니라 상호 보완적이며 필수적인 존재이다. 두 역할 모두가 성공을 거둘 수도 있고, 실패할 수도 있다. 조직이 성공을 거두려면 양자가 최고의 기량을 발휘해야만 한다. 즉, 리더십을 잘 발휘하는 탁월한 리더와 멤버십을 잘 발휘하는 탁월한 멤버, 둘 다 있어야만 한다.

멤버십이란 조직의 구성원으로서 자격과 지위를 갖는 것으로 훌륭한 멤버십은 팔로우어십의 역할을 충실하게 잘 수행하는 것이다. 결국 멤버십과 팔로우어십은 같은 개념으로 볼 수 있다. 팔로우어십이란 리더를 따르는 것으로, 따르는 사람들은 헌신, 전문성, 용기, 정직하고 현명한 평가 능력이 있어야 한다. 따르는 자는 융화력이 있어야 하고 겸손함이 있어야 하며, 리더의 결점이 보일 때도 덮어주는 아량이 있어야 한다. 따르는 자들이 제대로 서 있는 집단만이 어떤 일을 성취해 낼 수 있다. 미국에서 실시한 여론조사에서 리더에게 가장 원하는 것은 정직, 비전과 강화력, 추진력인데 비하여, 따르는 자들에게 가장 원하는 것은 정직, 나의 부족함을 보충해주는 포용력, 성실, 협동심 등이었다.

한편 멤버십 유형을 나누는 두 가지 축은 마인드를 나타내는 독립적 사고 축과 행동을 나타내는 적극적 실천 축으로 나누어진다. 이에 따라 멤버십 유형은 수동형, 실무형, 소외형, 순응형 등으로 구분할 수 있으며, 각각의 특징은 다음과 같다.

| 구분 | 소외형 | 순응형 | 실무형 | 수동형 | 주도형 |
|---|---|---|---|---|---|
| 자아상 | • 자립적인 사람<br>• 일부러 반대의견 제시<br>• 조직의 양심 | • 기쁜 마음으로 과업수행<br>• 팀플레이를 함<br>• 리더나 조직을 믿고 헌신함 | • 조직의 운영방침에 민감<br>• 사건을 균형 잡힌 시각으로 봄<br>• 규정과 규칙에 따라 행동함 | • 판단, 사고를 리더에 의존<br>• 지시가 있어야 행동 | !! |
| 동료/리더의 시각 | • 냉소적<br>• 부정적<br>• 고집이 셈 | • 아이디어가 없음<br>• 인기 없는 일은 하지 않음<br>• 조직을 위해 자신과 가족의 요구를 양보함 | • 개인의 이익을 극대화하기 위한 흥정에 능함<br>• 적당한 열의와 평범한 수완으로 업무 수행 | • 하는 일이 없음<br>• 제 몫을 하지 못함<br>• 업무 수행에는 감독이 반드시 필요 | !! |
| 조직에 대한 자신의 느낌 | • 자신을 인정 안 해줌<br>• 적절한 보상이 없음<br>• 불공정하고 문제가 있음 | • 기존 질서를 따르는 것이 중요<br>• 리더의 의견을 거스르는 것은 어려운 일임<br>• 획일적인 태도 행동에 익숙함 | • 규정준수를 강조<br>• 명령과 계획의 빈번한 변경<br>• 리더와 부하간의 비인간적 풍토 | • 조직이 나의 아이디어를 원치 않음<br>• 노력과 공헌을 해도 아무 소용이 없음<br>• 리더는 항상 자기 마음대로 함 | |

소외형, 순응형, 실무형, 수동형 이외에 별도로 주도형이 우리가 추구하는 유형이라 할 수 있다. 주도형은 모범형이라고도 하며, 주도형 멤버란 '조직과 팀의 목적달성을 위해 독립적/혁신적으로 사고하고, 역할을 적극적으로 실천하는 사람이다.

이 주도형 멤버가 가지는 기본 특성을 두 가지 측면에서 설명하면, 첫째 독립적/혁신적 사고 측면에서 스스로 생각하고 건설적 비판을 하며, 자기 나름의 개성이 있고 혁신적이며 창조적인 특성을 가진다. 둘째 적극적 참여와 실천 측면에서 솔선수범하고 주인의식을 가지고 있으며, 적극적으로 참여하고 자발적이며, 기대이상의 성과를 내려고 노력하는 특성을 가진다.

'썩은 사과의 법칙'이 있다. 만일 당신이 팀 리더로서 팀에 팀워크를 무너뜨리는 썩은 사과가 있다고 생각하면 문제 상황에 대하여 먼저 그와 대화를 나누어라(당신의 생각이 잘못일 수 있기 때문이다). 그런 후에 그 팀원에게 문제가 있는 것으로 판명되면 그에게 기대하는 것을 분명히 전하고 스스로 변화될 수 있는 기회를 주라. 그 다음에 그로 하여금 책임감을 갖게 하라. 만약 그가 변한다면 그것은 팀을 위한 승리이다. 그러나 그가 끝내 변하지 않는다면 그를 팀에서 내보내라. 한 사람의 썩은 사과가 팀 전체를 망칠 수 있기 때문이다(채천석, 2003).

## 학습평가

1. 멤버십이란 조직의 구성원으로서 자격과 지위를 갖는 것으로, 훌륭한 멤버십은 (　　　　　)의 역할을 충실하게 잘 수행하는 것이라 할 수 있으며, 결국 멤버십과 (　　　　　)의 개념은 같은 것이라 할 수 있다.

2. 다음의 멤버십 유형을 적절한 것끼리 연결시켜보자.

　　소외형　·　　　　·자립적인 사람, 일부러 반대의견 제시
　　순응형　·　　　　·조직의 운영방침에 민감, 사건을 균형 잡힌 시각으로 봄
　　실무형　·　　　　·가장 이상적인 멤버십 유형
　　수동형　·　　　　·판단, 사고를 리더에 의존, 지시가 있어야 행동
　　주도형　·　　　　·팀플레이를 함, 리더나 조직을 믿고 헌신함

☞ 정답 및 해설 p.180

 1. 직장생활에서 팀워크를 촉진시키기 위해서는 여러 가지 조치를 취할 필요성이 있다. 아래에 제시된 사례를 통해 팀워크를 촉진시키는 방법에는 어떠한 것들이 있을지 생각해보도록 하자.

〈사례 A〉

J는 견적서와 주문양식 건이 어떻게 진행되고 있는지를 묻기도 하면서 팀원들의 행동을 주의깊게 지켜보았다. S와 N은 곧바로 견적서를 작성하기 시작했다. J는 그들의 업무 진행을 주기적으로 살펴보면서, 그들이 부품을 분류하고 가격순으로 목록을 작성하는 업무과제를 기대 이상으로 잘 하고 있는 것에 대해 기쁨을 감추지 못했다. 또한, S와 N은 부품 하나하나를 조사하여 영업마케팅팀을 위해 간단한 설명을 붙여 놓았다. J는 그들의 도움에 대해 다시 한번 감사를 표하였다.

〈사례 B〉

팀회의에서 J는 N과 S가 견적서에 대해 이룩한 진전사항을 공표하였다. 그들은 K가 교정을 본 명세서 복사본을 나누어 주었으며, 다른 팀원들이 추가한 사항들을 주의깊게 검토하였다. 팀원들은 견적서 때문에 일을 쉽게 할 수 있게 되었다는 점에 동의하였다. J는 M과 A에게 "주문양식은 어떻게 되어가고 있습니까?"하고 물었다. M은 A를 가리키면서 "A에게 물어봐야 할 것입니다. A는 자기가 맡은 일을 제대로 못하고 있습니다." A는 변명하였다. "그것은 사실이 아닙니다." J는 즉각 두 사람의 말을 가로막았다. "회의가 끝난 후에 함께 이야기해 보는 게 어떻겠소." 회의가 끝난 후 J는 두 사람에게 의견 조사지를 건네준 후, 의견 조사지를 취합하여 구체적인 문제점을 발견하였다.

### 〈사례 C〉

팀 회의를 시작하면서 J는 비눗방울이 든 병을 팀원들에게 하나씩 나누어주고는 긴장을 풀도록 하였다. 팀이 일상에서 벗어나는 행동을 한 것은 어느 정도 팀에 성공적인 결과를 가져다주었다. 실습을 통해서 팀은 새로운 각도에서 생각할 수 있게 되었으며, 팀원들은 많은 아이디어를 내놓았다.

### 〈사례 D〉

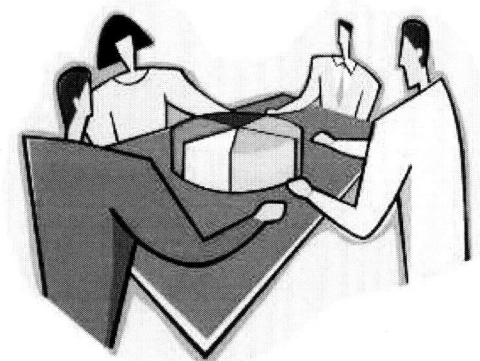

팀원들은 각자의 강점과 약점을 정리해볼 필요가 있다고 결정했다. 팀원을 2인 1조로 짝지은 후, 어느 한 영역에서 강점을 가진 구성원은 그 영역에서 취약한 다른 구성원과 짝을 이루었다. 이따금씩 짝을 바꿈으로써 팀원들은 교차훈련을 주고받을 수 있었다. 이러한 결정은 모두에게 이익을 주었으며, 모든 팀원은 결정을 실행하는데 적극적으로 동참하였다.

# 활 동

최근에 공동 작업을 끝냈거나 현재 작업을 수행 중에 있는 팀원 중 한 명을 선정하여 건설적인 피드백을 해주자.

| |
|---|
| 1. 이 팀원의 수행에 관해 관찰한 내용을 열거해 보라 |
| |
| |
| |
| 2. 이 팀원에 대한 '피드백 요약'을 준비하여 말할 내용을 객관적으로 열거해 보라. |
| |
| |

다음의 이야기를 읽고 갈등해결 방법에 대하여 생각해보자.

| |
|---|
| 여러분의 동료 팀원인 B가 당신 자리로 와서 느닷없이 다른 팀원인 C에 대해 불평을 터뜨리기 시작했다. "더 이상 참을 수 없어! C는 아무것도 제대로 해내지를 못해. 그에게 보고서를 요청했는데, 엉뚱한 것을 건네주었단 말이야! 그리고 나서는 뻔뻔스럽게도 잃어버렸다고 말하는 것이 아니겠어! 어찌해야 할지 모르겠어." |
| ※ B와 C 사이의 갈등을 어떻게 해결할 것인지 작성해보자. |
| |
| |
| |
| |
| |

F-2-가. 1 팀워크 촉진방법

## 내용

팀이 비효율적이고 문제가 있을 때 나타나는 징후들을 살펴보면 다음과 같다.

1. 생산성 하락
2. 불평불만 증가
3. 팀원들 간의 적대감이나 갈등
4. 할당된 임무와 관계에 대한 혼동
5. 결정에 대한 오해나 결정 불이행
6. 냉담과 전반적인 관심 부족
7. 제안과 혁신 또는 효율적인 문제해결의 부재
8. 비효율적인 회의
9. 리더에 대한 높은 의존도

팀에 이러한 징후가 나타나면 팀워크 강화 노력이 필요한 때임을 말하고 있는 것이다. 많은 경우에 문제는 팀원과 리더 사이의 갈등과 팀원들 사이의 알력에 의해 나타난다. 팀 리더와의 갈등은 종종 과잉동조와 리더에 대한 저항, 독재적인 리더십 스타일, 신뢰의 결여로 이어진다. 또 팀원들 사이의 문제는 종종 언쟁, 신뢰의 결여, 성격적 갈등, 의견 불일치, 파벌, 과업 미완성 등으로 이어진다.

팀에 문제가 생기면 팀원들이 팀 프로세스 때문이라고 인정하지 않고 개인들을 탓하려 들 수도 있다. 문제의 탓을 개인에게 돌리는 좋은 예가 바로 갈등과 혼동이다. 팀 내의 갈등과 혼동은 분명히 팀의 책임이며, 팀워크 강화 및 촉진을 통해 해결되어야 할 문제인 것이다(정명진, 1010).

팀을 보다 생산적으로 만들기 위해서는 많은 노력이 필요하다. 특히 팀워크를 촉진시키는 것은 매우 중요한데, 이를 위해서는 동료 피드백 장려하기, 갈등 해결하기, 창의력 조성을 위해 협력하기, 참여적으로 의사결정하기 등이 필요하다. 자세한 내용은 다음과 같다.

### ● 동료 피드백 장려하기

팀 목표를 달성하도록 팀원을 고무시키는 환경 조성을 위해서는 동료 피드백이 필요하다. 긍정이든 부정이든, 피드백이 없다면 팀원들은 개선을 이루거나 탁월한 성과를 내고자 하는 노력을 게을리 하게 된다.

다음은 동료 피드백을 장려하는데 도움이 되는 4단계 과정이다.

| |
|---|
| 1 단계 : 명확하고 간명한 목표와 우선순위를 설정하라 |
| 2 단계 : 행동과 수행을 관찰하라 |
| 3 단계 : 즉각적인 피드백을 제공하라 |
| 4 단계 : 뛰어난 수행 성과에 대해 인정해 줘라 |

● 갈등을 해결하기

성공적으로 운영되는 팀은 갈등 해결에 능숙하다. 효과적인 갈등 관리로 혼란과 내분을 방지하고 팀 진전과정에서의 방해요소를 미리 없앤다. 활력에 찬 팀은 의견의 불일치를 바로바로 해소하는 방법을 배우게 된다. 그렇지 않으면, 갈등은 시간이 지남에 따라 증폭되고, 팀 풍토는 허약해질 것이다.

팀원 사이의 갈등을 발견하게 되면, 제삼자로서 재빨리 개입하여 중재하라. 갈등을 일으키고 있는 구성원과의 비공개적인 미팅을 통해, 그들 각자에게 다음과 같은 질문을 하고 의견을 교환하면 갈등 해결에 매우 도움이 될 것이다.

| |
|---|
| 1) 내가 보기에 상대방이 꼭 해야 하는 행동 |
| 2) 상대방이 보기에 내가 꼭 해야 하는 행동 |
| 3) 내가 보기에 내가 꼭 해야 하는 행동 |
| 4) 상대방이 보기에 스스로 꼭 해야 하는 행동 |

● 창의력 조성을 위해 협력하기

성공적인 팀워크를 위해서는 언제나 협력이 필요하다. 모든 구성원의 잠재력을 최대로 활용하는 팀은 협력의 중요성을 잘 이해하고 있다. 모든 팀원이 협력하여 일할 때 창의적인 아이디어가 넘쳐나며 이에 따라 혁신적인 발전도 이루어진다.

아이디어에 대해 아무런 제약을 가하지 않는 환경을 조성할 때 협력적인 풍토를 조성할 수 있다. 이러한 분위기 아래서는 다른 관점을 가진 다양한 아이디어들이 자유롭게 제시되고, 어느 누구도 이의를 제기하지 않는다. 이렇게 열린 분위기에서는 팀원 모두가 적극적이고 활기찬 모습을 갖게 된다.

협력을 장려하는 환경을 조성하기 위한 몇 가지 비결을 살펴보면 다음과 같다.

1) 팀원의 말에 흥미를 가지고 대하라
2) 상식에서 벗어난 아이디어에 대해 비판하지 말라
3) 모든 아이디어를 기록하라
4) 아이디어를 개발하도록 팀원을 고무시켜라
5) 많은 양의 아이디어를 요구하라
6) 침묵을 지키는 것을 존중하라
7) 관점을 바꿔 보라
8) 일상적인 일에서 벗어나 보라

● 참여적으로 의사결정하기

의사결정을 내릴 수 있다는 것은 임파워먼트(empowerment)를 발휘한다는 것을 의미한다. 그리고 자신 있게 미래를 만들어 갈 수 있는 기회가 제공되었음을 뜻한다. 어떠한 팀에서든 의사결정은 내려지게 마련이며, 의사결정을 내리는 사람은 팀을 통제한다.

훌륭한 의사결정을 내리기 위해서는 2가지 고려할 측면이 있다. 그 하나는 결정의 질이며, 다른 하나는 구성원의 동참이다.

■ 의사결정의 질

양질의 의사결정은 올바른 추론에 의해 뒷받침되는 논리적인 결정이다. 양질의 의사결정을 내리기 위해서는 다음의 질문들을 고려해야 한다.
- 쟁점의 모든 측면을 다루었는가?
- 모든 팀원과 협의하였는가?
- 추가 정보나 조언을 얻기 위해 팀 외부와 협의할 필요가 있는가?

■ 구성원 동참

모든 팀원의 지지를 받는 결정은 팀원의 동참을 이끌어낸다. 의사결정에 대해 팀원들의 찬동을 얻기 위해서는 다음의 질문을 고려해야 한다.
- 모든 팀원이 의사결정에 동의하는가?
- 팀원들은 의사결정을 실행함에 있어서 각자의 역할을 이해하고 있는가?
- 팀원들은 의사결정을 열정적으로 실행하고자 하는가?

## 학습평가

1. 다음 중 협력을 장려하는 환경을 조성하기 위한 노력으로 적절하지 않은 것은?
   ① 상식에서 벗어난 아이디어에 대해 비판하지 말라
   ② 많은 양의 아이디어를 요구하라
   ③ 사람들이 침묵하지 않도록 자극을 주어라
   ④ 관점을 바꿔 보라
   ⑤ 팀원의 말에 흥미를 가지고 대하라

2. 훌륭한 의사결정을 내리기 위해 고려해야 하는 다음 두 가지 측면의 질문을 완성해보자.
   - 의사결정의 질
     - _____
     - _____
     - 추가 정보나 조언을 얻기 위해 팀 외부와 협의할 필요가 있는가?

   - 구성원의 동참
     - _____
     - 팀원들은 의사결정을 실행함에 있어서 각자의 역할을 이해하고 있는가?

☞ 정답 및 해설 p.180

 2. 팀워크는 개념이나 원리를 아는 것보다 참여와 활동을 통해 실제 체험을 통해 적용해보는 노력이 중요하다. 팀워크 강화를 위한 게임을 실시해보자.

## 사례(게임)

 **게임A : "일상 중 하루"**

1. 활동 : 참가자들이 서로의 일상이 어떤지를 나누는 활동

2. 목적 : 참가자들은 서로에 대해 새롭고 흥미로운 사실을 알게 되고 개인적으로 관계를 갖게 된다.

3. 사용 시기 및 조건
   가. 팀원들이 서로에 대해 잘 모른다.
   나. 상대의 도움을 받고도 감사하지 않는다.

4. 게임방법
   가. 참가자들을 둘씩 짝 짓게 한다.
   나. 한 명이 자신의 일상에 대하여 이야기한다.
   다. 듣는 파트너는 들으면서 다음과 같은 두 마디만 할 수 있다. "그래서요?" 혹은 "그것에 대해 좀 더 말해 보세요!"
   라. 5분 뒤에 역할을 바꾼다.

5. 활동 후 평가
   가. 서로의 경험을 공유해보니 어떠했는가?(친밀감을 느꼈어요, 우리가 공통점이 많다는 것을 알았어요, 공감이 가요 등)
   나. 말하는 사람은 파트너에 대하여 무엇을 알았는가?
   다. 이 활동은 우리의 일터(현장)에서 어떤 의미를 갖겠는가?

6. 활동을 위한 팁 : 활동을 하는 5분 동안 마지막 1분이 남았을 때 시간을 알려준다.

7. 준비물 : 없음

## 게임B : "팝콘 먹여주기"

1. 활동 : 참가자들이 짝을 지어 둘 다 눈가리개를 한 채로 서로에게 스푼을 이용하여 팝콘을 먹여주는 활동

2. 목적 : 참가자들은 서로 협동하는 방법을 배우고, 재미있는 방법으로 의사소통 기술을 강화시킨다.

3. 사용 시기 및 조건
   가. 팀원들이 여유를 가지고 집중할 필요가 있을 때
   나. 팀원들이 문제를 해결하는 데 있어 창의적이지 못할 때
   다. 느슨해진 팀 분위기를 위해 재미와 웃음을 가질 필요가 있을 때

4. 게임방법
   가. 서로 짝을 짓는다.
   나. 눈가리개와 스푼, 팝콘을 나누어 갖는다.(스푼 대신 포크 사용가능)
   다. 두 사람 모두 눈을 가린 채로 한 사람이 파트너에게 한번에 10개의 팝콘을 스푼에 얹어 먹여준다.
   라. 성공하면, 역할을 바꾸어서 되풀이한다.

5. 활동 후 평가
   가. 눈가리개를 착용했을 때 어떤 기분이 들었는가?(긴장됐다, 혼란스러웠다 등)
   나. 서로 먹여주려고 했을 때 무슨 일이 발생했는가?
     (팝콘이 스푼에서 떨어졌어요, 스푼이 내 코를 찔렀어요 등)

6. 활동을 위한 팁
   가. 팝콘 알레르기가 있는 사람은 다른 먹을거리를 요구한다.
   나. 눈가리개를 정확이 착용한다.

7. 준비물
   가. 참가자 1인당 눈가리개 1개
   나. 참가자 1인당 스푼 1개
   다. 팀당 비닐봉지 1개
   라. 팝콘

## 활동

두 개의 팀워크 게임 중 한 개를 선택하여 아래와 같은 순서에 따라 게임을 실시한 뒤에 게임 결과를 평가하고 현장에서 어떻게 적용할 수 있을지를 토의해보자.

팀워크 게임을 효과적으로 운영하기 위해서는 다음과 같은 순서에 따라 실시한다.

① 팀의 목적에 맞는 팀워크 게임을 준비하라
② 팀원들에게 게임에 대해 설명하라
③ 게임을 시작하기 전에 팀원들의 이해 여부를 점검하라
④ 게임을 실행하고 수행 과정을 코치하라
⑤ 게임을 분석·평가하고, 현장의 적용가능성을 토의하라

---

1. 선택한 게임을 실시한 후에 게임 결과를 평가해보자.
   _____
   _____
   _____

2. 이 게임이 갖는 의미와 실제 현장에서 어떻게 적용할 수 있는지를 토의해보자.
   _____
   _____
   _____

---

## 내용

팀워크는 자동적으로 생기는 것이 아니다. 먼저 각각의 팀원이 조직의 목표를 생각하면서 팀원 간에 신뢰가 쌓여야 한다. 그리고 팀 활동에 참여해야 하며, 그 신뢰와 참여한 결과가 성과로 나와야 한다. 그러면 팀워크를 개발하기 위한 3요소인 팀원 간의 신뢰쌓기, 참여하기, 성과내기에 대하여 살펴보자.

### 1. 신뢰 쌓기

팀워크를 개발하기 위해서 가장 중요한 것은 팀원 간의 신뢰를 쌓아가는 것이다. 신뢰가 쌓이면 조직의 업무 속도는 올라가고 비용은 내려간다. 반대로 신뢰가 쌓이지 않

으면 조직의 업무 속도는 느려지고 비용은 올라간다. 조직은 슈퍼맨을 원하는 것이 아니라 진정성을 가진 팀원을 요구한다. 신뢰는 말로만 쌓이는 것이 아니라 진정성을 가진 행동에서 나온다.

신뢰란 인간관계 속에서 이해된다. 상대방이 나를 억지로 신뢰하게 할 수 없으며, 나의 노력과 행동을 통하여 신뢰가 형성될 수 있다. 만약 여러분이 신뢰를 쌓는데 성공했다면, 상대방은 여러분을 본인의 문제해결자로 볼 것이다. 이처럼 여러분이 팀원으로부터 문제해결자로 인정받았다면, 여러분은 매사를 긍정적으로 변화시켜 나갈 수 있다. 즉, 팀원들은 여러분이 주장하는 의견을 기꺼이 동의하게 될 것이다. 신뢰를 조성하면 자기와 상대방이 서로 깊이 알게 되고, 상대방과 대인관계를 할 때 자신감을 갖게 된다. 즉, 상대방과 신뢰를 조성하는 것이야말로 팀워크와 대인관계 성공의 근본이 된다.

## 2. 참여하기

팀워크를 개발하는 두 번째 요소는 팀 활동에 적극 참여하는 것이다. 여러분은 신뢰 쌓기에서 팀원들의 목표달성을 도와주고 그들과의 신뢰를 조성하는 것이 나의 목표를 효과적으로 달성하는 길이라는 사실을 깨달았다. 그런데 여러분은 한 개인으로서 자신의 생애에 관한 관심 못지않게 팀에 참여하여 팀원들과의 협력 분위기 조성에 노력해야 한다.

팀원 간에 서로를 존중하고 협력하여 성취감을 맛보게 될 때 여러분은 성숙한 팀원으로서 뿌듯한 보람을 느끼게 될 것이다. 우리 모두 서로를 위하여 팀의 속성과 팀 개발단계에 대하여 이해하고 팀의 여러 활동에 적극 참여해보자.

## 3. 성과내기

지금까지 여러분은 상대방과 신뢰를 쌓을 수 있는 방법과 팀 활동 참여의 중요성에 대하여 살펴보았다. 신뢰를 쌓고 참여하는 궁극적인 목표는 무엇일까? 그것은 결국 조직이나 팀에서 성과로 나타나야 할 것이다. 포도나무에 포도가 열리지 않는다면 포도나무로서의 가치가 없는 것처럼 팀도 성과를 내지 못하면 그 존재가치를 잃게 된다.

팀의 성과를 내기 위해서는 조직의 업무 수행방법, 조직의 목표, 행동방식 등에 대하여 잘 알고 팀워크 정신을 발휘하여야 한다.

## 학습평가

1. 팀워크 강화 게임을 효과적으로 운영하기 위해서는 어떠한 절차가 필요할까?
   ① 팀워크 강화 게임을 준비하라
   ② 팀원들에게 게임에 대해 설명하라
   ③
   ④
   ⑤

2. 팀워크 개발을 위한 3요소와 이들을 현장에서 어떻게 적용할 지를 설명해보자.
   - 
   - 
   - 

☞ 정답 및 해설 p.181

## 학습정리

1. 팀워크란 팀 구성원이 공동의 목적을 달성하기 위하여 상호관계성을 가지고 협력하여 업무를 수행하는 것을 말한다.

2. 팀워크의 유형은 보통 세 가지 기제 즉, 협력, 통제, 자율을 통해 구분되는데, 조직이나 팀의 목적, 그리고 추구하는 사업 분야에 따라 서로 다른 유형의 팀워크를 필요로 한다.

3. 효과적인 팀은 ① 팀의 사명과 목표를 명확하게 기술, ② 창조적인 운영, ③ 결과에 초점을 맞춤, ④ 역할과 책임의 명료화, ⑤ 조직화, ⑥ 개인의 강점 활용, ⑦ 리더십 역량을 공유, ⑧ 팀 풍토를 발전, ⑨ 의견의 불일치를 건설적으로 해결, ⑩ 개방적으로 의사소통, ⑪ 객관적인 의사소통, ⑫ 팀 자체의 효과성 평가 등의 특성을 지닌다.

4. 멤버십이란 조직의 구성원으로서 자격과 지위를 갖는 것으로, 훌륭한 멤버십은 팔로우어십의 역할을 충실하게 잘 수행하는 것이다.

5. 팀워크를 촉진시키는 데는 ① 동료 피드백 장려하기, ② 갈등을 해결하기, ③ 창의력 조성을 위해 협력하기, ④ 참여적으로 의사결정하기 등의 요소가 필요하다.

6. 팀워크 개발의 3요소는 신뢰쌓기, 참여하기, 성과내기로 이루어진다. 먼저 팀원 간에 신뢰를 쌓고 팀 활동에 참여해야 하며, 그 신뢰와 참여한 결과로서 성과가 나와야 한다.

# 학습모듈 F-2-나 : 리더십능력

리더십이 신비롭고 무언가 특별한 것이라는 생각은 잘못된 것이다. 리더십은 카리스마와는 아무 관련이 없으며, 타고난 성격과도 무관하다. 또한 선택받은 소수만이 가질 수 있는 특권도 아니다. 조직을 둘러싸고 있는 다양한 기능들을 효율적으로 다루기 위한 것이 관리이다. 반면, 리더십은 변화에 대처하는 것이다. 특히 최근과 같이 급변하는 환경에서는 리더십능력의 함양은 필수적이다.

## 학습목표

**일반목표**  직장생활 중 조직구성원들의 업무향상에 도움을 주며 동기화시킬 수 있고, 조직의 목표 및 비전을 제시할 수 있는 능력을 기를 수 있다.

세부목표
1. 리더십의 의미를 설명할 수 있다.
2. 리더십의 유형을 구분할 수 있다.
3. 직장생활에서 조직구성원의 동기를 부여할 수 있는 방법을 활용할 수 있다.
4. 코칭으로 리더십 역량을 강화할 수 있는 방법을 설명할 수 있다.
5. 임파워먼트의 의미를 설명할 수 있다.
6. 직장생활에서 주도적으로 변화를 이끌 수 있다.

## 주요용어

리더십    동기부여    코칭    임파워먼트    변화관리

 1. 우리 주변의 많은 상황들을 리더십의 시각으로 본다면 리더십을 얼마든지 발견할 수 있다. 간단한 예를 통해 우리는 아이디어를 내고 다른 사람을 설득하고, 일을 추진하여 성과로 만들어 가는 과정 속에서 여러 가지 리더십 역량이 필요한 것을 알 수 있다. 그렇다면 리더십의 의미가 무엇인지 생각해보자.

 사 례

### 사람을 변화시키는 능력

지호는 시골에 있는 고등학교 2학년 학생이다. 공부 잘하는 아이들은 모두 큰 도시로 나가버렸기 때문에 철수네 학교 아이들은 공부해봐야 별수 없다는 열등감에 젖어 있었다. 수업시간에는 아이들이 장난을 치고 떠들면서 교실 분위기가 늘 어수선하였다. 선생님들도 야단치고 타이르다가 이젠 지쳐서 거의 포기한 상태였다. 지호는 어느 날, 리더십에 관한 책을 읽고 감명을 받았다. 그 책에 의하면, 리더십이란 천하를 호령하는 제왕과 같은 지도력만을 의미하는 것이 아니라 어떤 사람이라도 지위 고하에 관계없이 주위 사람들에게 영향을 주어 사람들을 좋은 방향으로 움직이게 하는 능력을 의미한다는 것이었다.

지호는 학교에서 리더십을 발휘해보기로 마음먹었다. 목표는 자기 반 아이들이 현재 놓여 있는 형편에서 마음잡고 공부를 열심히 하는 분위기를 만드는 것이었다. 물론 지호는 반장도 아니고 공부를 제일 잘하는 학생도 아니며, 힘이 가장 센 학생도 아니었다. 그는 우선 반에서 영향력이 큰 친구 셋을 집으로 초대하였다. 미리 음악교사인 고모에게 친구들이 오면 재미있게 놀 프로그램을 부탁해두었던 것이다. 고모는 아이들에게 과자를 사주고 노래를 가르쳐 주었다. 한 소절씩 따라 부르게 하고 이중창도 해보고, 간단한 율동을 병행하는 방식으로 재미있게 진행하였다. 이렇게 하여 모두가 즐거워하며 호흡이 맞아서 친한 친구가 되었다.

〈사례 계속〉

지호는 이들에게 다음 달에 있을 학급별 노래경연대회에서 우리 반이 일등을 해보자고 제안했다. 지호의 제안에 대하여 반에서 영향력 있는 이들 세 친구가 적극 찬성하면서 앞장을 서자 반 전체가 한번 도전해보기로 결의하였다. 모두가 열심을 다해 노래연습에 참여하였고 결국 경연대회에서 1등을 차지했다. 이를 계기로 반에서는 협동하는 분위기가 살아나기 시작했다.

　지호는 다시 가까운 친구들을 하나씩 만나 반장을 도와 반의 수업분위기를 잡도록 하자고 설득하였다. 예전 같으면 반에서 힘센 아이들의 방해로 반장이 제구실을 하지 못했는데, 이들이 반장을 감싸고 편들어주게 되면서 반 분위기가 점차 달라지기 시작했고 이전과는 비교할 수 없을 만큼 좋아졌다.

　지호는 반에서 반장도, 힘센 학생도 아닌 평범한 한 학생에 불과했지만, 분명한 목표를 세우고 열정과 아이디어로 친구들의 도움을 얻어가면서 자신이 속한 조직을 좋은 방향으로 변화시키는 훌륭한 리더십을 발휘할 수 있었던 것이다(이용태, 2010).」

## 활 동

　성공적이고 매력적인 리더를 생각할 때, 걸프전에서 미군을 이끌었던 파월(Colin Dowell)장군이나 하버드대학을 중퇴하고 마이크로소프트사를 세워 세계 제일의 갑부가 된 빌 게이츠(Bill Gates)같은 사람들을 떠올릴 것이다.

　또한 당신 자신의 분야에서 성공한 리더나 조직구성원들에게 선한 영향력을 행사함으로써 성공적으로 조직의 목표를 달성한 몇몇 사람들의 이름을 떠올릴 수 있을 것이다. 그들은 부하나 조직구성원들을 격려하고 일이 제대로 되게 하는데 있어서 특별한 비결을 가지고 있으며, 신비스럽게 보이는 사람들이다. 그렇다면 리더십이란 무엇인가?

✎ 리더십이란 무엇인지 각자의 생각을 적어보도록 하자.

```
┌─────────────────────────────────────────────────────────────────┐
│                                                                 │
│                                                                 │
│                                                                 │
│                                                                 │
│                                                                 │
└─────────────────────────────────────────────────────────────────┘
```

　조직구조 속에서 과거에는 관리자의 역량만으로 충분하였던 상황이 최근에는 리더의 역량을 요구하는 경우가 많이 있다. 우리는 주변에서 '관리자' 또는 '리더'라는 이야기를 많이 듣는다. 어떤 차이가 있을까? 관리자와 리더 중 어느 것이 더 좋은 것일까?
　최근에 들어 '리더'라는 말을 자주 접하게 되는데 과거에는 리더가 필요 없었던 걸까?

✎ 리더와 관리자의 차이에 대해서 각자의 생각을 적어보자.

| 리더(leader) | 관리자(manager) |
|---|---|
| ▶ | ▶ |
| ▶ | ▶ |
| ▶ | ▶ |
| ▶ | ▶ |
| ▶ | ▶ |

## 내용

**리더십**에 대해 정확히 규정된 정의는 없다. 이것을 이해하는 것이 효과적인 리더가 되는데 있어 첫 번째 단계라고 할 수 있다. 리더십에 대한 일반적인 정의나 개념에는 다음과 같은 것들이 있다.

1. 조직성원들로 하여금 조직목표를 위해 자발적으로 노력하도록 영향을 주는 행위
2. 목표달성을 위하여 어떤 사람이 다른 사람에게 영향을 주는 행위
3. 어떤 주어진 상황 내에서 목표달성을 위해 개인 또는 집단에 영향력을 행사하는 과정
4. 자신의 주장을 소신 있게 나타내고 다른 사람들을 격려하는 힘

위에서 볼 수 있듯이 리더십의 의미는 매우 다양하다. 그리고 '리더'라고 하면 은연중 그 대답 속에 다소 어떤 직위가 있어야 한다고도 생각할 수 있다. 그러나 리더는 반드시 직위를 수반하는 것은 아니다. 직급에 따라 요구하는 리더십 역량이 다소 다를 뿐이다. 전 조직원이 각자의 위치에서 리더십으로 무장할 때 그 조직은 매우 강하며 밝은 미래를 가질 수 있을 것이다.

리더란 리더십을 가진 사람을 말하며, 본 교재에서는 '리더십'을 다음과 같이 정의한다.

> 리더십이란 조직의 목표 달성을 위하여 개인이 조직원들에게 영향을 미치는 과정이다.

즉, 리더는 미래 통찰력을 가지고 조직의 성장에 영향력을 미치는 공통된 목표를 제시하여야 하고, 그 목표를 달성할 수 있도록 조직원과 팀워크를 이루어 성과를 내는 과정을 주도하는 사람이라고 볼 수 있다.

이러한 리더십의 발휘 구도는 산업사회에서 정보사회로 바뀌면서 아래의 그림처럼 수직적 구조에서 전방위적 구조의 형태로 바뀌게 되었다.

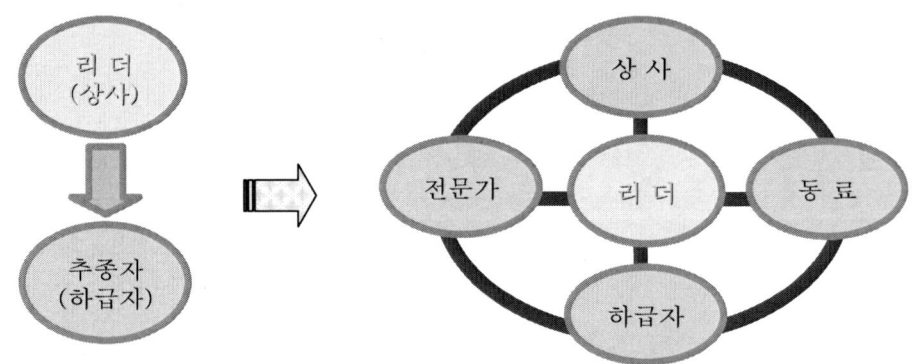

과거에는 상사가 하급자에게 리더십을 발휘하는 수직적 형태를 띠었다. 그러나 오늘날은 리더십이 전방위적으로 발휘된다. 즉, 상사가 하급자에게 발휘하는 형태뿐만 아니라 조직원이 동료나 상사에게까지도 발휘하는 전방위적 형태인 것이다. 오늘날처럼 변화의 속도가 빠른 시기에는 각자의 위치에서 각각 신속하고 효율적인 의사결정을 내려야 하기 때문에 개개인마다 별도의 주체적인 리더십이 필요한 것이다.

훌륭한 리더는 직위가 없어도 사람들을 이끌 수 있는 무관의 리더(uncrowned leader)이다. 남이 풀 수 없는 문제를 풀고 남이 하기 싫어하는 일을 스스로 맡아 하며 전문성과 지혜를 가지고 보이지 않는 영향력을 발휘할 수 있다면 그가 바로 바로 무관의 리더인 것이다. 반면에 비록 지위가 높더라도 학습능력이 없이 과거의 업적과 영광에만 집착하는 사람은 리더십을 상실한 사람이다.

한편, 리더(leader)와 관리자(manager)는 어떤 차이가 있을까?

일류 리더는 매니지먼트의 기술에 리더의 능력을 부가가치로 첨가하여 가지고 있는 사람이라고 생각한다. 다소 단순한 대비를 해보면, 리더와 관리자의 가장 큰 차이점은 비전이 있고 없음에 있다. 그리고 관리자의 역할이 자원을 관리·분배하고 당면한 문제를 해결하는 것이라면, 리더는 비전을 선명하게 구축하고 그 비전이 팀 멤버의 협력 아래 실현되도록 환경을 만들어 주는 것이다.

따라서 관리자의 관심사가 주로 사람이나 물건을 관리하는 것에 있는데 비해, 리더는 사람의 마음을 중시하고 사람의 마음에 불을 지피는 사람이다. 또 관리자가 오늘의 구체적인 문제를 대상으로 삼는데 비해, 리더는 미래를 향한 새로운 상황 창조자인 것이다.

또 하나 중요한 점은 관리자는 일을 '어떻게 할까(How to do?)'에 초점을 맞추는데 반해, 리더는 '무엇을 할까(What to do?)'에 초점을 맞춘다. 바꾸어 말하면 관리자는 '올바르게 하는 것'에 주안점을 두는 대신, 리더는 '올바른 일을 하는 것'에 중점을 둔다는 것이다.

| 리 더 | 관 리 자 |
|---|---|
| - 새로운 상황 창조자 | - 상황에 수동적 |
| - 혁신지향적 | - 유지지향적 |
| - 내일에 초점 | - 오늘에 초점 |
| - 사람의 마음에 불을 지핀다 | - 사람을 관리한다 |
| - 사람을 중시 | - 체제나 기구를 중시 |
| - 정신적 | - 기계적 |
| - 계산된 위험(risk)을 취한다 | - 위험(risk)을 회피한다 |
| - '무엇을 할까'를 생각한다 | - '어떻게 할까'를 생각한다 |

☞ 보다 심화된 내용은 교수자용 매뉴얼의 교수자료 참고 (p. 97)

## 학습평가

1. 다음 중 리더십에 대한 설명으로 적절하지 않은 것은?
   ① 조직성원들로 하여금 조직목표를 위해 자발적으로 노력하도록 영향을 주는 행위
   ② 자신의 주장을 소신 있게 나타내고 다른 사람들을 격려하는 힘
   ③ 모든 조직구성원들에게 요구되는 역량
   ④ 상사가 하급자에게 발휘하는 형태만을 의미함

2. 다음 중 리더에 대한 설명으로 적절하지 않은 것은?
   ① 새로운 상황 창조자
   ② 혁신지향적
   ③ 계산된 리스크를 취함
   ④ '무엇을 할까'보다는 '어떻게 할까'에 초점을 맞춤

☞ 정답 및 해설 p.181

 2. 눈송이들을 자세히 들여다보면 그 모양이 제각각 다른 것처럼, 사람마다 조직을 이끄는 방법이 동일한 것은 아니다. 직장생활 중 다양한 상황에서 리더십을 효과적으로 발휘할 수 있는 방법은 무엇인지 알아보도록 하자.

## 사 례

〈사례 1〉

기획부장 K씨는 부하직원들의 생각을 듣기보다는 자신의 생각에 도전이나 반항 없이 순응하도록 요구한다. 이에 따라 부하직원들은 자신에게 주어진 업무만을 묵묵히 수행하며, 조직에 대한 정보를 잘 알지 못하고 있다.

〈사례 2〉

팀장 L씨는 아침마다 정규 직원회의를 개최한다. 직원회의에서 그녀는 그 날의 협의내용에 대한 개요자료를 부하직원들에게 나누어준다. 그러면 직원들은 자신의 의견을 제시하거나 완전히 새로운 안을 제시할 수도 있다. L은 이러한 부하직원들의 생각에 동의하거나 거부할 권한을 가진다.

〈사례 3〉

팀장 J씨는 자신은 팀원 중 한 명일 뿐이라는 생각을 가지고 있다. 이에 따라 자신이 다른 팀원들보다 더 비중있다고 생각하지 않으며, 모든 팀원들은 팀의 성과 및 결과에 대한 책임을 공유하고 있다.

〈사례 4〉

팀장 P씨는 그동안 자신의 팀이 유지해온 업무수행 상태에 문제가 있다고 생각하고 있었다. 이를 개선하기 위해 그는 팀에 명확한 비전을 제시하고, 팀원들로 하여금 업무에 몰두할 수 있도록 격려하였다.

## 활동

성공적인 리더는 이끌고 나가야 할 집단에 따라 아마도 리더십의 한 가지 유형을 엄격히 고수하거나 여러 상황에서 다양한 유형의 리더십을 혼용할 것이다. 일반적으로 리더십 유형은 독재자 유형, 민주주의에 근접한 유형, 파트너십 유형 그리고 변혁적 리더십 등으로 구분할 수 있다. 당신은 전체 조직의 문화 속에서 당신의 그룹이 도전적인지, 성공적인지, 변화지향적인지에 따라서 어떠한 유형을 활용할 것인지 결정할 수 있을 것이다.

다음 밑줄 친 곳에 독재자 유형, 민주주의에 근접한 유형, 파트너십 유형 그리고 변혁적 유형 중 가장 적절하다고 생각하는 것을 적어보자.

철수는 스포츠용품 제작/판매 부서의 새로운 관리자로 승진되었다. 그 부서는 과거 가시적인 성공을 거두어 왔으나, 회사의 구조조정을 통해 오랫동안 일해왔던 직원의 수가 줄어듦에 따라 최근에는 판매실적이 평균 이하로 떨어진 상태였다.

철수는 새로운 관리자로서 비교적 젊은 나이였기 때문에, 처음에는 ①_____유형을 적용하여 그 상황에 대처하였다. 그는 여러 판매부서 중에서 가장 훌륭한 직원들이 그의 그룹에 있음을 알고 있었다. 그는 현재 직원들의 업무수행능력이 급격히 떨어지고 있는 상태라는 것을 각인시켰으며, 부하직원들에게 회사 내에서 최고 판매부서로 다시 발돋움할 수 있도록 자신이 최대한 도와줄 것임을 인식시켰다.

철수는 노련한 고참직원들이 이전에 어떻게 성공할 수 있었는지에 대해 되돌아보도록 하였으며, 그러한 과거로 되돌아갈 수 없도록 방해하고 있는 것이 무엇인지 진단하는 것을 도와주었다. 그는 그들이 전성기에 얼마나 열성적이었으며 혁신적이었는지에 대해서 자랑하려고만 하고 성공을 향한 또 다른 노력을 기울이지는 않는다는 것을 발견하였다.

철수는 이내 ②_____유형의 리더가 되어 그의 부하직원들의 신뢰와 충성의 수준을 새로이 설정하였다. 그는 그의 부하직원들에게 보다 높은 수준으로 도약하기를 요구했으며, 집단의 성공과 실패에 그들 자신이 직접적으로 책임이 있음을 깨닫게 하여 그들 스스로 열심히 일하도록 하였다. 철수는 그의 리더십에 계속적으로 저항하고, 판매에 있어서 적극적을 보이지 않는 직원을 해고함으로써 이를 마무리지었다.

그러자 철수의 팀은 적어도 평균 이상의 수준이 되었다. 이에 철수는 ③_____유형의 리더가 되었다. 그는 가장 경험이 많고 노련한 고참직원에게도 새로운 판매방법을 종용하여, 6개월 이내에 75%의 판매실력을 더 올리자는 비전을 제시하였다.

그의 부하직원들을 이러한 방법으로 고무시키고 격려함으로써 철수의 그룹은 회사 전체에서 판매실적 선두권을 달리게 되었다. 그와 부하직원들은 스스로의 혁신성과 창의성을 깨닫게 되었고, 또한 회사의 성공에 크게 기여하였음을 깨닫게 되었다.

## 내 용

일반적으로 리더십 유형은 크게 독재자 유형, 민주주의에 근접한 유형, 파트너십 유형, 변혁적 리더십 유형 등 크게 4가지고 구분할 수 있다. 이에 대해서 좀 더 자세히 알아보도록 하자.

### ① 독재자 유형

당신은 지금까지 살아오면서 강력한 독재자를 접해본 경험이 있을 것이다. 정치학에서 그 어원이 비롯된 것과 같이, 독재형은 정책의사결정과 대부분의 핵심정보를 그들 스스로에게만 국한하여 소유하고 고수하려는 경향이 있다. 전형적인 독재자 유형의 특징은 아래와 같다.

- 질문은 금지
독재자는 집단의 규칙 하에 지배자로 군림하고, 동료에게는 그의 권위에 대한 도전이나 반항 없이 순응하도록 요구하며, 개개인들에게는 주어진 업무만을 묵묵히 수행할 것을 기대한다.

- 모든 정보는 내 것이다
독재자는 '지식(정보)이 권력의 힘'이라고 믿는다. 이러한 까닭으로 대부분의 구성원들과 조직에 대한 핵심정보를 혼자 독점하고 유지하려고 애쓰며, 다른 구성원들에게는 기본적 수준의 정보만을 제공한다.

- 실수를 용납하지 않음
독재자 유형은 언제 어디서나 가장 최고의 질적 수준을 요구한다. 실수는 결코 용납되지 않으며, 한번의 실수는 곧 해고로 이어지거나 다른 형태의 징계로 이어진다.

독재자 유형은 특히 집단이 통제가 없이 방만한 상태에 있을 때 혹은 가시적인 성과물이 보이지 않을 때 사용한다면 효과적일 수 있다. 이러한 경우 독재자 유형의 리더는 팀원에게 업무를 공정히 나누어주고, 그들 스스로가 결과에 대한 책임을 져야 한다는 것을 일깨울 수 있다.

### ② 민주주의에 근접한 유형

민주주의에 근접한 유형의 리더십은 독재자 유형의 리더십보다 관대한 편이다. 리더는 그룹에 정보를 잘 전달하려고 노력하고, 전체 그룹의 구성원 모두를 목표방향 설정에 참여하게 함으로써 구성원들에게 확신을 심어주려고 노력한다.

예컨대, 팀장은 회의 때 회의자료를 준비하여 부하직원들에게 나누어주고 그들의 의견을 구하고 경우에 따라 새로운 제안을 받기도 한다. 팀장은 부하직원들의 의견을 수렴하여 팀원들의 참여 속에서 의사결정을 한다.

민주주의에 근접한 유형의 특징은 아래와 같다.

> - 참여
> 리더는 팀원들이 한 사람도 소외됨이 없이 동등하다는 것을 확신시킴으로써 비즈니스의 모든 방면에 종사하도록 한다.
>
> - 토론의 장려
> 리더는 경쟁과 토론의 가치를 인식하여야 하며, 팀이 나아갈 새로운 방향의 설정에 팀원들을 참여시켜야 한다.
>
> - 거부권
> '민주주의에 근접한'이라는 말에서 알 수 있듯이, 이 유형의 리더들이 비록 민주주의적이긴 하지만 최종 결정권은 리더에게만 있다.

민주주의에 근접한 방식은 당신이 혁신적이고 탁월한 부하직원들을 거느리고 있고, 또 그러한 방향을 계속적으로 지향할 때 가장 효과적이다. 기발하고 엄청난 아이디어를 가졌다고 할지라도, 양적인 것이 항상 질적인 것까지 수반하는 것은 아니다. 리더에게는 옳고 그름을 결정할 책임이 있다.

### ③ 파트너십 유형

파트너십은 위에서 논의한 리더십 형태와 다른 형태의 리더십이다. 독재자 유형과 민주주의에 근접한 유형은 리더와 집단 구성원 사이에 명확한 구분이 있다. 하지만 파트너십에서는 그러한 구분이 희미하고, 리더가 조직에서 한 구성원이 되기도 한다.

파트너십 유형의 특징은 아래와 같다.

> - 평등
> 리더는 조직구성원들 중 한 명일 뿐이다. 리더는 다른 조직 구성원들보다 경험이 더 풍부하겠지만 다른 구성원들보다 더 비중 있게 대우받아서는 안된다.
>
> - 집단의 비전
> 집단의 모든 구성원들은 의사결정 및 팀의 방향을 설정하는데 참여한다.
>
> - 책임 공유
> 집단의 모든 구성원들은 집단의 행동에 따른 결과 및 성과에 대해 책임을 공유한다.

파트너십 유형은 소규모 조직이나 성숙한 조직에서 풍부한 경험과 재능을 소유한 개개인들에게 적합하다. 신뢰와 정직, 구성원들의 능력에 대한 믿음이 파트너십 유형의 핵심요소이다.

### ④ 변혁적 유형

변혁적 리더는 개개인과 팀이 유지해온 이제까지의 업무수행 상태를 뛰어넘고자 한다. 변혁적 리더는 전체 조직이나 팀원들에게 변화를 가져오는 원동력이다.

변혁적 유형의 특징은 아래와 같다.

> - 카리스마
> 변혁적 리더는 조직에 명확한 비전을 제시하고, 집단 구성원들에게 그 비전을 쉽게 전달할 수 있다.
>
> - 자기 확신
> 변혁적 리더는 뛰어난 사업수완 그리고 어떠한 의사결정이 조직에 긍정적으로 영향을 미치는지 예견할 수 있는 능력을 지니고 있다.
>
> - 존경심과 충성심
> 변혁적 리더는 개개인에게 시간을 할애하여 그들 스스로가 중요한 존재임을 깨닫게 하고, 존경심과 충성심을 불어넣는다.
>
> - 풍부한 칭찬
> 변혁적 리더는 구성원이나 팀이 직무를 완벽히 수행했을 때 칭찬을 아끼지 않는다. 사람들로 하여금 한 가지 일에 대한 성공이 미래의 여러 도전을 극복할 수 있는 자극제가 될 수 있다는 것을 깨닫게 한다.
>
> - 감화
> 변혁적 리더는 사범이 되어 구성원들이 도저히 해낼 수 없다고 생각하는 일들을 구성원들로 하여금 할 수 있도록 자극을 주고 도움을 주는 일을 수행한다.

## 학습평가

1. 다음에 제시된 리더십 유형 4가지를 가장 효과적으로 활용할 수 있는 상황과 각각 연결시켜 보자.

독재자 유형 • • 조직에서 현상을 뛰어넘어 획기적인 변화가 요구될 때
민주주의 근접 유형 • • 소규모조직에서 경험, 재능을 소유한 구성원들이 있을 때
파트너십 유형 • • 통제 없이 방만한 상태, 가시적인 성과물이 안 보일 때
변혁적 유형 • • 혁신적이고 탁월한 부하직원들을 거느리고 있을 때

☞ 정답 및 해설 p.182

 3. 미디어계의 거장 루퍼트 머독은 '조직원 스스로 조직의 일원임을 느끼도록 일깨우는 것만큼 좋은 것은 없다'는 말을 하였다. 여기서 동기부여의 핵심은 조직원들의 마음과 가슴으로 들어가는 것임을 알 수 있다. 직장생활 중 직장동료나 상사 혹은 부하에게 동기를 부여하기 위한 방법은 무엇일지 알아보도록 하자.

## 사 례

 동기부여 사례

지역총판의 매니저인 강수는 매 분기별로 빠짐없이 판매실적을 검토하고 실적이 부진한 직원은 해고하겠다고 으름장을 놓았다. 직원들은 뒤에서 그를 양치기 소년이라고 쑥덕거렸다. 그는 자주 얼굴을 붉히고 길길이 날뛰면서 책상을 주먹으로 내리치곤 했다.

안타깝게도 회사 직원들은 강수의 이러한 주기적인 장광설에 대하여 순전히 협박으로 여기게 되었고, 진정으로 귀를 기울이는 사람이 아무도 없었다. 지난 몇 년 동안 강수의 드라마에 진저리치며 퇴사한 영업사원이 한 둘이 아

니었다. 그 바람에 회사는 여러 명의 우수한 인재를 잃게 되었다. 이러한 강수의 부정적인 동기부여는 단기적으로는 실적 향상에 다소 효과를 낼 수 있었지만 장기적으로는 팀 전체를 위험에 빠뜨리고 부작용만 낳게 되었다.

데일 카네기는 하늘 아래에서 다른 사람에게 어떤 일을 하게 만드는 유일한 방법은 그가 그 일을 하고 싶도록 만드는 것이라고 지적했다. 그는 줄곧 긍정적인 동기부여가 최고로 중요하다는 것을 강조하면서, 강도처럼 총을 겨누고 협박하면 상대방이 가진 물건을 순순히 내놓을 것이라고 덧붙였다. 다시말해, 직원들을 해고하겠다고 위협하면 그들은 적어도 당분간은 협력할지 모른다. 하지만 이런 원초적인 방법으로는 지극히 바람직하지 못한 반발과 저항만 불러일으킬 뿐이란 것이다.(최염순(역), 2011)

## 활 동

'동기부여'는 리더십의 핵심 개념이다. 이루고자 하는 성과와 목표의 실현은 동기부여의 직접적인 결과라고 해도 결코 지나치지 않다.

팀의 구성원으로서 일을 하든 다른 사람의 지도를 받지 않고 자기 소신껏 일을 하든 간에 일을 멋지게 처리하도록 자기 자신에게 동기를 부여해야만 좋은 결과를 얻을 수 있다. 더군다나 팀의 리더라면 구성원들이 좋은 성과를 내도록 동기부여 할 수 있는 능력을 반드시 갖추어야 할 뿐만 아니라, 자기 자신에게 동기를 부여할 수 있어야 한다.

 다음 상황에서 당신이라면 어떻게 대처할지 나름대로의 생각을 적어보도록 하자.

---

**상황1.** 팀의 프로젝트 진행에 문제가 생겨서 일정이 지연되고 있다. 팀원인 미숙은 프로젝트를 일정 안에 끝내기 위해 밤늦게까지 일에 매진하고 있다. 그녀는 조금도 불평하지 않은 채, 최선을 다해 프로젝트를 수행하고 있다. 그녀의 노력에 힘입어 프로젝트는 예정된 일정대로 무사히 마무리되었고, 기대 이상의 좋은 결과도 얻었다. 당신은 어떻게 행동할 것인가?

**상황2.** 미라의 업무 속도가 점점 나빠지고 있다. 그녀는 업무에 눈곱만큼도 관심이 없는 것 같고, 업무 자체를 지겨워하는 것처럼 보인다. 당신은 이 상황을 어떻게 해결할 것인가?

**상황3.** 상택은 부서에서 최고의 성과를 올리는 영업사원으로 명성이 자자하지만, 서류 작업을 정시에 마친 적이 한 번도 없다. 그가 서류 작업을 지체하기 때문에 팀 전체의 생산성에 차질이 빚어지고 있다. 당신은 이 상황을 어떻게 해결할 것인가?

**상황4.** 기용은 2년간 당신의 부하직원으로 일했는데, 업무능력이 대단히 뛰어났다. 최근 들어 당신은 그에게 회사 뉴스레터를 새로 디자인하라고 지시했는데, 결과물은 의외로 좋지 않았다. 깔끔하지 못했고 아마추어 분위기가 심하게 났다. 당신은 이 상황을 어떻게 해결할 것인가?

## 내 용

리더는 조직원들이 금전적인 보상이나 편익, 승진에 의해서만 동기를 부여받을 것이라는 단순한 생각으로 그들을 대해서는 안 된다. 물론 이러한 외적인 동기유발제가 일시적으로 효과를 낼 수도 있다. 하지만 인간관계에서 이러한 전술은 전혀 먹혀들지 않는다. 이 같은 보상이 단기간에 좋은 결과를 가져오고 직원들의 사기를 끌어올릴 수 있지만, 그 효과는 오래가지 못한다. 즉 금전적인 보상이나 스톡옵션 등의 외적인 동기유발제는 조직원들에게 멋진 혜택일 수 있지만, 그들이 지속적으로 최선을 다하도록 동기를 부여하는 데는 충분하지 않다는 뜻이다.

조직원들이 지속적으로 자신의 잠재력을 발휘하도록 만들기 위해서는 외적인 동기유발제 그 이상을 제공해야 한다. 사실 모든 조직원들의 욕구를 만족시킬 수 있는 이상적인 근무환경을 만들기란 쉽지 않다. 그러나 이러한 환경이 마련된다면 조직원들은 돈이나 편익 등 비본질적인 요인이 아닌, 자기 내면의 순수한 욕망에 의해 동기를 부여받을 것이다.

### ① 긍정적 강화법을 활용한다.

목표 달성을 높이 평가하여 조직원에게 곧바로 보상하는 행위를 '긍정적 강화'라고 한다. 긍정적 강화법은 조직원들의 동기를 부여하는데 더없이 효과적이다. 높은 성과를 달성한 조직원에게는 곧바로 따뜻한 말이나 칭찬으로 보상해주는 것이 필요하다.

### ② 새로운 도전의 기회를 부여한다.

환경 변화에 따라 조직원들에게 새로운 업무를 맡을 기회를 준다면, 팀에는 발전과 창조성을 고무하는 분위기가 자연스럽게 조성된다. 즉 조직원들은 매일 해왔던 업무와 전혀 다른 일을 처리하면서 새로운 도전이 주는 자극과 스릴감을 톡톡히 맛볼 것이다. 나아가 자신의 능력을 인정받았다는 뿌듯함과 성취감을 느끼며, 권한을 가지게 되었다고도 생각한다.

### ③ 창의적인 문제해결법을 찾는다.

직장생활 중 자유롭게 의사결정을 하지 못하고 자신의 소신대로 업무를 진행하지 못할 경우, 조직원들은 자칫 피해의식에 사로잡혀 사사건건 다른 조직원들을 비난할 수도 있다. 창의적인 문제해결법은 조직원들이 자신의 실수나 잘못에 대해 스스로 책임지도록 동기를 부여한다. 리더는 조직원이 문제를 해결하도록 지도하고 개입할 수는 있지만,

실질적인 해결책만큼은 조직원 스스로 찾도록 분위기를 조성해주는 것이 바람직하다.

### ④ 책임감으로 철저히 무장한다.

자신의 잘못에 대한 책임을 다른 직원에게 전가하는 직원처럼 리더를 화나게 하고 좌절하게 하는 것은 없다. 직원들이 자신의 실수나 잘못에 대해 책임은 지지 않고, 오히려 다른 직원들에게 책임을 전가하는 일이 지속된다면 팀의 근무환경은 현저히 나빠지게 마련이다. 하지만 자신의 업무에 책임을 지도록 하는 환경 속에서 일하는 직원들은 오히려 자신의 위치에서 안정감을 느낄 뿐 아니라, 자신이 의미 있는 일을 하고 있다는 긍지를 갖는다. 또한 어떤 어려움이든 극복하겠다는 의지가 강하며, 달성 가능한 목표점을 계속해서 높여간다. 이러한 팀에서는 리더와 부하직원들이 의기투합해 의사결정과 문제 해결방법을 함께 찾아간다.

### ⑤ 코칭을 한다.

코칭은 상당히 폭넓게 사용된다. 일반적으로 코칭은 문제 및 진척 상황을 직원들과 함께 자세하게 살피고 지원을 아끼지 않으며, 지도 및 격려를 하는 활동을 의미한다.

직원들을 코칭하는 리더는 직원 자신이 권한과 목적의식을 가지고 있는 중요한 사람이라는 사실을 느낄 수 있도록 이끌어주어야 한다. 또한 직원들이 자신만의 장점과 성공 전략을 활용할 수 있도록 적극 도와야 할 것이다.

### ⑥ 변화를 두려워하지 않는다.

'안전지대(Comport Zone)'란 모든 것이 친숙하고 위험 요소가 전혀 없는 편안한 상황을 의미한다. 더욱 높은 목표를 달성하고자 한다는 것은 이러한 안전지대를 떠난다는 것을 의미한다. 그것은 위험을 감수한다는 말과 같다.

변화에 대한 두려움은 리더나 구성원들을 정신적 고통에 직면하게 할 수 있다. 그럼에도 불구하고 리더는 부하직원들이 안전지대에서 벗어나 더욱 높은 목표를 향해 나아가도록 격려해야 한다. 위험을 감수해야 할 이유가 합리적이고 목표가 실현가능한 것이라면 직원들은 기꺼이 변화를 향해 나아갈 것이며, 위험을 선택한 자신에게 자긍심을 가지며 좋은 결과를 이끌어내고자 지속적으로 노력할 것이다.

### ⑦ 지속적으로 교육한다.

리더는 직원들에게 지속적인 교육과 성장의 기회를 제공함으로써 직원 자신이 상사로부터 충분히 인정받고 있으며 일부 권한을 위임받았다고 느낄 수 있도록 동기를 부여해야 한다. 팀원들 개개인이 자신의 능력에 확신을 갖는다면 팀의 업무 성과가 몰라보게 좋아진다. 모름지기 리더는 직원들의 일에 대한 열망과 의지를 간과해서는 안 된다. 그뿐 아니라 리더가 명확한 지침을 제공하고 적절한 교육을 하며 필요한 자원을 아낌없이 지원해줄 때 직원들은 직장생활을 성공적으로 해나간다는 사실을 알아야 한다.

한편, 모든 종류의 동기부여가 그 나름 효과가 있겠지만, 부정적인 동기부여는 여러 가지 문제를 낳을 수 있다. 예컨대, 회사가 제시한 목표를 달성하지 않으면 감봉, 강등, 해고 등의 불이익을 주겠다고 하면, 직원들이 단기적으로는 그 일에 주의를 기울일 것이다. 그러나 부정적인 동기부여를 받은 사람은 장기적으로는 심각한 한계상황을 초래하게 된다. 때로는 공포 분위기가 동기유발제의 역할을 할 수도 있지만 공포의 리더십은 결국 실패하고 만다.

회사 내에서 공포가 업무를 처리하는 수단으로 항상 활용되면, 직원들은 사기가 떨어지고, 상사의 눈치만 살피면서 회사를 떠날 기회만 엿볼 것이기 때문이다. 이와 반대로 칭찬과 격려 속에서 긍정적인 동기부여를 받은 직원들은 업무에 열의를 가지고 더욱 더 노력하게 되므로 더 큰 성과를 얻게 되는 것이다.

## 학습평가

1. '동기부여'와 관련된 설명으로 적절하지 않은 것은?
   ① 목표달성을 높이 평가하여 조직원에게 곧바로 보상하는 행위를 긍정적 강화라고 한다.
   ② 단기적인 관점에서 보면 공포 분위기로 인해 직원들이 일을 적극적으로 할 수도 있지만, 장기적으로는 공포감 조성이 오히려 해가 될 수 있다.
   ③ 조직원들을 동기부여하기 위해서는 조직원 스스로 조직의 일원임을 느끼도록 일깨워주는 것이 가장 좋다.
   ④ 조직원들을 지속적으로 동기부여하기 위해 가장 좋은 방법은 금전적인 보상이나 편익, 승진 등의 외적인 동기유발이다.

☞ 정답 및 해설 p.182

 4. 코칭활동은 직원들의 능력을 신뢰하며 확신하고 있다는 사실에 기초한다. 직장생활 중 조직원들에게 도움을 주고 업무에 대한 만족도를 높이기 위해서 코칭기술을 활용해보자.

## 사 례

 **철수와 상사의 대화**

상사 : 철수씨, 좋은 아침입니다. 당신이 작성한 지난달 보고서를 검토해보았는데, 수집한 데이터와 최종 보고서에 아무래도 문제가 있는 것 같습니다. 이 문제에 대한 의견이나 해결방안이 있습니까?

철수 : 연구를 바탕으로 한 설문지 내용이 포괄적입니다. 전체 보고서에 설문 내용을 반영하는 과정에서 적절하게 조정하지 못한 것 같습니다.

상사 : 물론 그런 일이 일어날 수도 있습니다. 하지만 철수씨의 보고서는 고객들의 구매결정뿐 아니라, 철수씨 부서의 다른 직원들이 영향을 받는다는 사실을 알고 있습니까?

철수 : 예, 죄송합니다. 미처 그 생각은 하지 못했습니다. 보고서가 정확하지 않으면 비즈니스를 망칠뿐 아니라 고객으로부터 신뢰를 잃고 말 것입니다. 이런 일이 벌어질 것이라고는 미처 생각하지 못했습니다.

상사 : 보고서를 정확하게 작성하는 일이 얼마나 중요한 것인가를 지금이라도 이해하셔서 정말 다행입니다. 철수씨의 업무가 얼마나 중요한지, 그리고 그것이 전체 부서의 성공에 어떠한 영향을 미치는지에 대해서 자세히 살펴봅시다. 어떤 문제가 가장 어렵다고 생각하십니까?

철수 : 질문들이 구체적인 작업 유형에 맞지 않고, 다른 기준에 의해 평가되고 있다는 느낌입니다.

상사 : 지금까지의 경험에 비추어볼 때, 어떤 문제들을 바꿔야 해결에 도움이 될 것 같습니까?

철수 : 특별한 상황에서 사용할 수 있는 단계별 인터뷰 절차를 비롯해, 보고서 형식을 바꾸는 것이 좋을 것 같습니다. 포괄적인 보고서 형식에 결론을 결합한다면 훨씬 정확한 최종보고서를 작성할 수 있을 것 같습니다.

상사 : 철수씨가 문제의 중요성을 충분히 이해하고 있어 정말 다행입니다. 그렇다면 이와 같은 새로운 방법을 실현하는데 도움이 될 만한 계획을 세워봅시다. 매주 진행된 상황에 관한 보고서를 제출해주었으면 합니다. 그리고 많은 질문을 해서 우리가 하고 있는 일을 완전히 이해할 수 있었으면 하는 바람이 간절합니다.

# 활 동

아래는 앨리슨이 자신이 맡게 될 새로운 업무에 대해 코칭을 받고 있는 상황이다. 아래의 코칭이 성공한 이유는 무엇인지 각자의 생각을 적어보자.

갈빈: 앨리슨 씨, 좋은 아침입니다. 구체적으로 어떤 업무를 하기를 원하는지, 또한 새로운 업무 목표를 어떻게 이룰 것인지와 관련해 앨리슨 씨의 의견을 듣고 싶습니다.

앨리슨: 솔직히 말하자면 이번에 제가 추가로 맡은 업무는 달갑지 않습니다. 현재 맡고 있는 업무도 벅찬데 어떻게 해낼 수 있을지 난감할 뿐입니다.

갈빈: 그 심정은 저도 충분히 이해합니다. 그러나 현재 회사의 비즈니스 및 재정 여건을 고려했을 때, 직원을 감원하지 않는다면 우리 모두의 일자리가 위험하다는 사실을 이해해주셨으면 합니다. 힘들기는 하지만 불가피한 결정이었다고 생각합니다. 이제는 현재의 인원으로 업무를 어떻게 수행할 수 있을지에 관해서 구체적으로 설계해야 합니다. 앨리슨 씨가 맡게 될 새로운 업무를 검토하고, 그것을 어떻게 달성할 수 있을지 집중적으로 얘기해봅시다.

앨리슨: 조금 전에 말씀드렸듯이 새로 주어진 업무까지 처리하기엔 시간이 턱없이 부족합니다. 다른 방법을 생각해보았으면 합니다.

갈빈: 그렇다면 이 문제를 해결하기 위한 좋은 생각이 있습니까?

앨리슨: 제가 맡은 업무를 보면, 없애도 되는 중복된 업무들이 있습니다. 중복된 업무를 하나로 통합한다면 다른 업무를 볼 여유가 있을 것 같습니다.

갈빈: 정말 좋은 의견입니다. 좀더 구체적으로 말씀해주셨으면 합니다.

앨리슨: 우리는 단지 고객의 요구를 만족시키기 위해 불필요한 절차를 따르고 있다고 생각합니다. 다른 부서 직원들에게 물어보아도 제 의견과 크게 다르지 않을 것입니다.

갈빈: 예 좋습니다. 어려운 문제에 대해 긍정적인 안을 내주셔서 정말 기쁩니다. 새로운 업무를 어떻게 진행시킬 수 있을지 생각해보았으면 합니다. 그리고 그로 인해서 자신에게 어떠한 이익이 생길지에 대해서도 말씀해주시겠어요?

앨리슨: 그게 무슨 말씀이죠?

갈빈: 몇 년간 앨리슨 씨는 현재의 업무를 잘 해왔습니다. 그러나 같은 업무만 처리하다 보면 도전정신도 없어지고, 웬만한 것에는 자극을 받지 못합니다. 이번에 맡은 새로운 업무를 완벽하게 처리하기 위해 앞으로 어떤 새로운 기술을 활용할 생각입니까?

앨리슨: 예. 경험해보지 않은 업무를 갑자기 맡게 되어서 기분이 좋지는 않습니다. 하지만 지금까지 저는 업무를 진행하면서 제가 가지고 있는 창조적인 능력을 거의 사용해보지 못했다는 생각이 들었습니다. 지금보다는 훨씬 창조적인 능력을 발휘할 수 있다는 점을, 이번에 새로 맡게 될 업무의 보상으로 받아들이도록 하겠습니다.

갈빈: 앨리슨 씨, 정말 멋진 생각입니다. 앞으로도 새로운 기술과 재능을 갖추고 있다는 점을 앨리슨 씨는 이미 보여주고 있습니다.

# 내 용

**코칭** 활동은 직원들의 능력을 신뢰하며 확신하고 있다는 사실에 기초한다. 코칭은 조직의 지속적인 성장과 성공을 만들어내는 리더의 능력이라고 말할 수 있다. 또한 직원들에게 질문을 던지는 한편 직원들의 의견을 적극적으로 경청하고, 필요한 지원을 아끼지 않아 생산성을 높이고 기술 수준을 발전시키며, 자기 향상을 도모하는 직원들에게 도움을 주고 업무에 대한 만족감을 높이는 과정이라고 말할 수 있다.

### ① 코칭 기술은 언제 필요한가

코칭은 커뮤니케이션 과정의 모든 단계에서 활용할 수 있다. 직원들과 함께 의견을 나누고 공유하게 해 효과적인 해결책과 빠른 성과를 이끌어낸다. 예를 들어 판매량이 급증되는가 하면 품질이 뛰어난 제품을 생산하도록 팀에 동기를 부여하고, 구성원들의 사기를 드높이기도 한다.

시간이 지날수록 코칭은 모든 사람을 팀에 관여하도록 하고, 프로젝트 또는 업무를 훌륭하게 수행하도록 하는 데 기여한다. 또한 실수나 비효율적인 방법을 사전에 파악해서 개선하게 하므로 업무 성과를 높이고 직원들 간의 관계를 돈독하게 할 뿐 아니라, 직원 개개인이 강한 자신감과 자긍심을 갖도록 이끌어준다.

### ② 코칭은 관리가 아니다.

코칭과 관리는 대표적인 커뮤니케이션 도구이다. 그러나 둘은 전혀 다른 접근법을 특징으로 한다. 관리의 도구로 활용되는 전통적인 접근법에서는 리더가 지식이나 정보를 하달하며 의사결정의 권한을 가지고 있는 것이 당연하게 받아들여진다.

코칭은 이와 같은 전통적인 접근법과는 거리가 멀다. 리더는 이를 깊이 인식해야 하며, 자신이 가지고 있는 통제 권한을 기꺼이 버려야 한다. 코칭활동은 다른 사람들을 지도하는 측면보다 이끌어주고 영향을 미치는 데 중점을 두기 때문이다. 코칭은 지침보다는 질문과 논의를 통해, 통제보다는 경청과 지원을 통해 상황의 발전과 좋은 결과를 이끌어낸다.

### ③ 코칭이 개인에게 주는 혜택

코칭은 문제가 발생하기 전에 이루어지는 커뮤니케이션(Proactive Communication)에 기초하는 것 말고도, 영향 및 리더십에 기초하고 있다. 코칭은 관리 도구가 아닌 관리 스타일이다.

코칭을 하는 과정에서 리더는 직원들을 기업에 값진 기여를 하는 파트너로 인식하게 된다. 한편 성공적인 코칭을 받은 직원들은 문제를 스스로 해결하려고 노력하는 적극성을 보인다.

### ④ 코칭이 조직에게 주는 혜택

코칭을 실천하고 있는 조직들은 다음과 같은 혜택과 결과를 누린다.
- 동기를 부여받은 자신감 넘치는 노동력
- 높은 품질의 제품
- 철저한 책임감을 갖춘 직원들
- 전반적으로 상승된 효율성 및 생산성

### ⑤ 코칭의 기본 원칙

1. 관리는 만병통치약이 아니다.
   코칭의 기본은 서로가 자유롭게 논의할 수 있고 제안할 수 있어야 한다는 점이다. 리더는 '부하직원들의 창조성과 통찰력을 결코 간과해서는 안 된다'는 것을 중요시해야 한다. 문제에 좀 더 가까이 있고 직접적으로 연관되어 있는 사람은 직원들이기 때문이다.

2. 권한을 위임한다.
   리더는 직원들이 어떠한 일이든 자신의 업무에 책임의식을 갖고 완전히 책임질 수 있도록 이끌어야 한다. 어떤 직원에게 프로젝트를 부여한 뒤 업무를 수행하는 동안 모든 결정을 스스로 하도록 권한을 준다면, 그 직원은 자연적으로 주인의식을 갖게 된다.

3. 훌륭한 코치는 뛰어난 경청자이다.
   코치인 리더는 적극적인 경청자답게 잡념을 떨쳐버리고 직원에게만 모든 관심을 집중해야 한다. 적극적인 경청을 통해 리더는 직원이 말하려고 하는 바를 이해하는 능력과 직원들이 느끼는 바가 무엇인지 헤아리는 능력을 향상시킬 수 있다. 리더는 부하직원들을 섣불리 판단하지 않아야 하고, 코칭하는 동안 특별한 반응을 보여서도 안 된다. 또한 부하직원들이 말하고자 하는 요점과 표현 방식에 대해 최선의 결정을 내릴 수 있도록 피드백을 적극 제공해야 한다.

4. 목표를 정하는 것이 가장 중요하다.
   리더는 서로 다른 기술과 능력을 가지고 있는 직원들에게 어떤 목표를 정해줄 것인지 확실히 판단해야 한다. 이 말은 곧 업무를 깔끔하게 처리하는 적절한 방법을 직원 스스로 개발하도록 도와주기 위해 리더 자신이 여러 가지 기술을 발휘해야 할 뿐 아니라, 직원마다 어떠한 장점을 갖고 있는지 정확히 파악하고 있어야 한다는 것을 의미한다.

⑥ 코칭의 진행 과정

 코칭 모임을 준비할 경우, 어떤 활동을 다룰 것이며 시간은 어느 정도 소요될 것인지에 대해서 직원들에게 구체적이고 명확히 밝힌다. 지나치게 많은 지시와 정보로 직원들을 압도하는 일이 없도록 하고, 질문과 피드백에 충분한 시간을 할애한다.

---

1. 시간을 명확히 알린다.
2. 목표를 확실히 밝힌다.
3. 핵심적인 질문으로 효과를 높인다.
4. 적극적으로 경청한다.
5. 반응을 이해하고 인정한다.
6. 직원 스스로 해결책을 찾도록 유도한다.
7. 코칭과정을 반복한다.
8. 인정할 만한 일은 확실히 인정한다.
9. 결과에 대한 후속 작업에 집중한다.

---

⑦ 코칭은 어떤 사람들에게 필요한가?

 전통적으로 코칭은 리더나 관리자가 직원들을 코치하는 관점에서 활용되었다. 하지만 이제는 상황이 바뀌었다. 코칭은 다음과 같은 사람들에게 성공적인 커뮤니케이션 수단이다.

- 판매자: 새롭고 효과적인 해결책을 설계, 진행 및 실현하는데 활용
- 고객: 고객만족 문제를 해결하고, 장기적인 수익을 실현하는데 활용
- 직장 외의 사람들과 상황에서도 활용

 코칭은 자신과는 다른 다양하고 값진 의견을 받아들이기 위한 방법이다. 즉 관계된 사람들을 모두 참여하게 만들고, 코칭을 하는 사람이나 받는 사람이 서로 의사소통을 할 수 있도록 만드는 커뮤니케이션 절차이다. 직원들은 코칭의 과정에서 리더가 자신의 의견과 제안을 들어준다고 느끼는데, 이러한 이유 때문에 코칭은 직장 내에서 직원들의 사기를 진작하고 신뢰감을 형성하는데 필요한 커뮤니케이션 수단으로 늘 활용된다.

## 학습평가

1. '코칭'과 관련된 설명으로 적절하지 않은 것은?
   ① 코칭은 직원들이 업무를 수월하게 진행하고 그 성과에 대해 제대로 보상받을 수 있도록 돕는 커뮤니케이션 수단이다.
   ② 코칭은 모든 사람을 팀에 관여하도록 하고, 프로젝트 또는 업무를 훌륭하게 수행하도록 하는데 기여한다.
   ③ 코칭활동은 다른 사람들을 지도하는 측면보다 이끌어주고 영향을 미치는데 중점을 둔다.
   ④ 코칭은 명령을 내리거나 지시를 내리는 것보다 적은 시간이 걸린다.

☞ 정답 및 해설 p.182

 5. 마이크로소프트사 회장인 빌 게이츠는 '21세기에는 다른 사람에게 권한을 위임하는 사람이 뛰어난 리더로 성공할 것이다'라고 말한 바 있다. 직장생활에서 권한을 위임하는 것과 업무를 위임하는 것은 과연 차이가 있을까?

### 권한위임과 업무위임

〈상황 A〉

리더 K는 철수에게 지난 몇 달 동안의 판매 수치를 정리해달라고 요청했다. 또한 데이터베이스를 업데이트하고, 회계부서에서 받은 수치를 반영해서 새로운 보고서를 만들라는 지시를 내렸다. 그런데 철수는 전혀 열의를 보이지 않은 채 업무를 처리했다. 리더 K는 그가 업무에 관심을 보이지 않는 이유가 무엇인지, 판매 개선에 필요한 아이디어를 왜 생각해내지 못하는지 이상하게 생각했다.

〈상황 B〉

리더 K는 철수에게 지난 몇 달간의 판매 수치를 정리해달라고 요청했다. 그는 정확하게 업무를 처리했지만, 눈에 띌 정도로 열의 없이 업무를 처리했다. 리더 K는 그와 함께 판매 수치를 자세하게 살핀 다음, 판매 향상에 도움이 될 만한 마케팅 계획을 개발하도록 그를 격려했다. 철수는 비로소 막중한 책임감을 느끼고, 새로 맡은 프로젝트에 대해 책임감을 갖는 한편 자신의 판단에 따라 효과적인 해결책을 만들었다.

## 활 동

효과적인 리더는 각 사람들의 능력을 발휘할 수 있도록 조직내의 임파워먼트 여건들을 창출해야 한다. 임파워먼트가 안 된 환경에서는 많은 경우에 사람들의 능력이 발휘되지 못할 것이며, 임파워먼트 여건들은 사람들을 성장하게 하고, 사람들이 의미있는 목적을 성취하기 위해 그들이 가진 잠재력과 창의성을 최대한 발휘할 수 있을 것이다.

리더는 임파워먼트 환경이 가져다주는 혜택과 임파워먼트 환경을 갖춘다는 것이 의미하는 바를 잘 알고 있어야 한다. 임파워먼트 환경에서는 직원들의 에너지, 창의성, 동기 및 잠재능력이 최대한 발휘되는 경향이 있다.

 그렇다면 당신이 생각할 때, 높은 성과를 내기 위해 임파워먼트 환경을 구축하려면 조직은 어떠한 조건들을 갖추어야 할 지 각자의 생각을 적어보자.

1. 조직원들에게 도전적이고 흥미로운 일을 제공해야 한다.
2. 조직원들에게 학습과 성장의 기회를 제공해야 한다.
3. _____
4. _____
5. _____
6. _____
7. _____

 임파워먼트에 장애가 되는 요소에는 어떠한 것들이 있을지 각자의 생각을 적어보자.

1. 기본적으로 조직원들의 역량이 부족하다.
2. 리더가 독재자형 유형의 리더십 스타일을 고집한다.
3. 조직이 공감대 형성이 없는 구조와 시스템을 가지고 있다.
4. _____
5. _____
6. _____
7. _____
8. _____

## 내 용

리더십의 핵심 개념 중 하나는 '**임파워먼트(empowerment)**', 즉 '권한 위임'이라고 할 수 있다. 직원들에게 일정 권한을 위임함으로서 훨씬 수월하게 성공의 목표를 이룰 수 있을뿐더러 존경받는 리더로 거듭날 수 있다. 자신의 능력을 인정받아 권한을 위임받았다고 인식하는 순간부터 직원들의 업무효율성은 높아지게 마련이지만, 안타까운 점은 많은 리더들이 직원들에게 권한을 위임하지 않는다는 것이다.

임파워먼트(empowerment)란 '조직성원들을 신뢰하고 그들의 잠재력을 믿으며, 그 잠재력의 개발을 통해 고성과(high performance) 조직이 되도록 하는 일련의 행위'로 정의할 수 있다.

### ① 임파워먼트의 이점

성공적인 리더들은 단순한 임파워먼트를 해주거나 시행하지 않는다. 대신 그들은 임파워먼트가 성장할 수 있는 여건을 조성한다. 리더와 그를 따르는 사람들 모두에 의해 임파워먼트가 일어날 수 있는 문화가 조성되면, 임파워먼트는 조직의 모든 사람들로부터 시너지적이고 창조적인 에너지를 끌어낸다. 임파워먼트를 하면 생산성이 향상되고 사람들의 좋은 기회에 대한 큰 기대를 하게 되며 진보적이고 성공적인 조직을 만들 수 있게 되는데, 임파워먼트가 잘 되어 고성과 조직이 되면 다음과 같은 이점이 나타난다.

가. 나는 매우 중요한 일을 하고 있으며, 이 일은 다른 사람이 하는 일보다 훨씬 중요한 일이다.
나. 일의 과정과 결과에 나의 영향력이 크게 작용했다.
다. 나는 정말로 도전하고 있고 계속 성장하고 있다.
라. 우리 조직에서는 아이디어가 존중되고 있다.
마. 내가 하는 일은 항상 재미가 있다.
바. 우리 조직의 구성원들은 모두 대단한 사람들이며, 다 같이 협력해서 승리하고 있다.

### ② 임파워먼트의 충족 기준

진정한 임파워먼트는 혁신성과 자발성을 이끌어 내고 조직 전체의 목적에 헌신하도록 유도함으로써 방향감과 질서의식을 실제로 창출하게 한다. 대부분의 조직에 있어서 장기적으로 효과성을 극대화하려면 임파워먼트를 극대화해야 하는데, 진정한 임파워먼트를 위해서는 다음의 3가지 기준이 반드시 충족되어야 한다.

1. 여건의 조성
 임파워먼트는 사람들이 자유롭게 참여하고 기여할 수 있는 일련의 여건들을 조성하는 것이다. 그것은 사람들에게 행해지는 어떤 행동이 아니다.

2. 재능과 에너지의 극대화
 임파워먼트는 사람들의 재능과 욕망을 최대한으로 활용할 뿐만 아니라 더 나아가 확대할 수 있도록 하는 것이다.

3. 명확하고 의미있는 목적에 초점
 임파워먼트는 사람들이 분명하고 의미 있는 목적과 사명을 위해 최대의 노력을 발휘하도록 해주는 것이다.

### ③ 임파워먼트의 여건

효과적인 리더는 각 사람들의 능력을 발휘할 수 있도록 조직 내의 임파워먼트 여건을 창출하려 한다. 임파워먼트가 잘 되지 않은 환경에서는 많은 경우에 사람들의 능력이 발휘되지 못할 것이다. 이러한 임파워먼트 여건들은 사람들을 성장하게 하고, 사람들의 의미 있는 목적을 성취하기 위해 그들이 가진 잠재력과 창의성을 최대한 발휘하게 하고, 이해당사자들의 욕구를 충족시키거나 능가하게까지 한다.

리더는 임파워먼트 환경이 가져다주는 혜택과 임파워먼트 환경을 갖춘다는 의미를 잘 알고 있어야 한다. 임파워먼트 환경에서는 사람들의 에너지, 창의성, 동기 및 잠재능력이 최대한 발휘되는 경향이 있다. 그러나 반 임파워먼트 환경은 사람들이 현상을 유지하고 순응하게 만드는 경향이 있다.

높은 성과를 내는 임파워먼트 환경의 특징을 살펴보면 다음과 같다.

1. 도전적이고 흥미있는 일
2. 학습과 성장의 기회
3. 높은 성과와 지속적인 개선을 가져오는 요인들에 대한 통제
4. 성과에 대한 지식
5. 긍정적인 인간관계
6. 개인들이 공헌하며 만족한다는 느낌
7. 상부로부터의 지원

### ④ 임파워먼트의 장애요인

리더는 임파워먼트에 장애가 되는 요인들에 대하여 알고 대처할 수 있어야 하는데, 다음과 같은 4가지 차원의 장애요인을 살펴볼 수 있다.

---

1. 개인 차원
   : 주어진 일을 해내는 역량의 결여, 동기의 결여, 결의의 부족, 책임감 부족, 의존성

2. 대인 차원
   : 다른사람과의 성실성 결여, 약속 불이행, 성과를 제한하는 조직의 규범, 갈등처리 능력 부족, 승패의 태도

3. 관리 차원
   : 통제적 리더십 스타일, 효과적 리더십 발휘 능력 결여, 경험 부족, 정책 및 기획의 실행 능력 결여, 비전의 효과적 전달능력 결여

4. 조직 차원
   : 공감대 형성이 없는 구조와 시스템, 제한된 정책과 절차

---

## 학습평가

1. '임파워먼트(권한위임)'와 관련된 설명으로 적절하지 않은 것은?
    ① 권한위임과 업무위임은 다른 의미를 지닌다.
    ② 임파워먼트 환경에서는 사람들이 현상을 유지하고 순응하게 만드는 경향이 있다.
    ③ 성공적인 임파워먼트를 위해서는 권한 위임의 한계를 명확하게 하여야 한다.
    ④ 임파워먼트에 장애가 되는 요인은 개인, 대인, 관리, 조직의 4가지 차원에서 생각해볼 수 있다.

☞ 정답 및 해설 p.183

 1. 세상은 끊임없이 변화하고 있다. 조직의 구성원으로서 이러한 변화에 효과적으로 대처할 수 있는 방법에는 어떠한 것들이 있는지 살펴보자.

## 사 례

### 고객서비스 시스템의 변화

리더 : 영수 씨, 상부에서 고객서비스 전화 업무와 관련해 새로운 시스템을 사용하기로 결정했습니다.

영수 : 아니, 그게 무슨 소리죠? 도무지 이해가 되지 않습니다. 우리 회사의 고객서비스는 업계에서 최고로 손꼽히지 않습니까? 그런데 왜 갑자기 바꾸려 하지요?

리더 : 고객들은 전화 폭주로 인해 도저히 차례를 기다리지 못하겠다고 불만을 토로하고 있습니다. 이번에 새로운 시스템으로 바꾸면 고객은 빨리 답변을 받을 수 있습니다. 이러한 변화에 당황스러운 줄 압니다. 이번에 바뀐 시스템에 대해 걱정이 많으십니까?

영수 : 솔직하게 말하면 걱정이 됩니다. 저는 지금까지 고객 한 사람에게 맞춘 최상의 서비스를 제공해 왔습니다. 그런데 이제는 고객과 관련된 문제를 다른 직원들과 공유해야 한다고 하니, 난감할 따름입니다.

리더 : 저도 그 점은 충분히 이해합니다. 긍정적인 소식이라면 더 이상 혼자서 일하지 않아도 될 뿐 아니라, 동료와 정보를 공유하게 되므로 함께 일하며 배울 수 있는 기회가 생겼다는 것입니다.

> 영수 : 그러면 고객관리를 훨씬 효율적으로 할 수 있을 것이며, 효과적인 고객 서비스 자료를 개발할 수 있을 것 같습니다. 그런데 문제는 그 업무를 누가 책임지는가 하는 것입니다.
>
> 리더 : 영수 씨도 아시겠지만 변화란 다른 말로 하면 기회라고 할 수 있을 겁니다. 영수씨와 동료 직원들이 뜻을 같이 한다면 그 같은 문제는 전혀 걱정할 것이 없다고 생각합니다. 또 다른 문제는 없습니까?
>
> 영수 : 팀을 중심으로 업무를 진행한다면 저의 능력이나 성과를 무슨 수로 측정할 수 있을까요?
>
> 리더 : 그 문제에 대해서는 아직 결정된 바가 없습니다. 분명한 것은 서비스 직원마다 업무 성과와 관련해 자신의 성과를 명확하게 측정할 수 있게 될 것이라는 점입니다.

## 활 동

　효과적으로 변화에 대처하는 최상의 방법은 적극적으로 자기 자신을 변화시키는 것이다. 인센티브도 없는데 행동을 변화하고자 하는 사람은 없을 것이다. 따라서 변화에 더 잘 대처할 경우 생기는 이익을 확인하도록 한다. 그리고 나서 변화가 있기 전 상황으로 돌아가고자 하는 유혹을 받는다면, 현재의 상황이 힘든 것을 생각하는 대신 변화가 가져올 결실에 초점을 맞추어야 한다.

 효과적으로 변화에 대처할 때 생기는 이점 중 자신에게 중요하다고 생각하는 것에 체크해보자.
　　a. 직업안정
　　b. 커리어 발전
　　c. 자신의 '몸값' 향상
　　d. 직업 만족도 향상

 각 이점에 대해서 좀 더 자세히 살펴보자.
　　a. (직업안정) 우선 직장에서 직면하게 될 3가지 변화를 적고, 그 다음에 각 변화에 대한 적절한 대처방법을 적은 다음, 마지막으로 각 변화가 자신의 직업에 도움이 될 면을 적으시오.

| 가능한 변화 | 필요한 대처법 | 직업상 안전성 |
|---|---|---|
| 1) | | |
| 2) | | |
| 3) | | |

　　b. (커리어 발전) 가까운 미래에 승진을 바란다면, 다음의 2가지 질문에 답을 하시오.
　　　- 새로운 직위에서 당면하게 될 변화는 무엇인가?
　　　- 그러한 변화에 대처할 수 있는 능력이 있다는 것을 어떻게 보여줄 것인가?

　　c. (자신의 '몸값' 향상) 오늘 이력서를 쓴다고 가정하면, 융통성과 창의성을 보여줄 만한 경력에는 어떤 것이 있는가?(예: 새로운 분야의 수업 듣기, 전직, 새로운 업

무팀 소속, 수준 높은 전문과 과정 수료, 4명의 각기 다른 팀 리더 밑에서의 업무)

d. (직업 만족도 향상) 다음 직업만족도의 요소들 중 변화에 잘 대처할 경우 얻을 수 있는 것들은 무엇인가?
  □ 스트레스 감소          □ 생산성 향상
  □ 시간 활용 개선         □ 능률 향상
  □ 사기 진작              □ 자신감 상승
  □ 재미 증폭              □ 팀에서 받는 존중 증대

## 내 용

인생은 일련의 변화의 과정이다. 그 중에서도 질풍노도의 청소년기를 지나면서 학업과 입시, 진학, 구직과 취업, 업무 스트레스, 질병 등 우리의 삶에 수많은 변화 상황을 맞이할 수 있다.

그러면, 비즈니스와 직업세계에서 맞이하는 변화의 상황들에 대하여 효과적으로 대처하기 위한 12가지 전략을 살펴보자.

---

1. 우리의 생각을 명확히 할 '5가지 행동의 선택'에 관한 질문을 활용하라
   가. 우리가 이 변화를 활용해야 할 이유는 무엇인가?
   나. 이 변화는 언제 일어날 것인가?
   다. 어떻게 이 변화를 다룰 것인가?
   라. 다른 사람에게 이 변화는 무엇을 의미하는가?
   마. 이 변화는 어떤 사람에게 영향을 미치는가?
2. 변화에 대처하는 속도를 높여라
   늦은 반응은 기업과 개인의 경력에 도움이 되지 않는다. 불필요한 절차와 과정을 생략하라.
3. 신속히 의사결정을 하라
   '망설이면 뒤쳐진다'라는 말이 요즘처럼 실감나는 때는 없다. 정확한 정보를 수집하고 능력을 최대한 발휘해 수집한 정보를 현실과 업무에 적용해라.
4. 업무를 혁신해라.
   뒤쳐지지 않으려면 변화에 따라 끊임없이 조직을 혁신하고 업무를 재편해야 한다.
5. 자기 자신을 책임져라.
   우리는 스스로 자신의 경력, 자기개발, 업무 혁신, 사기를 관리해야 한다. 누구도 변화에서 자유롭지 않다. 새로운 기술을 습득하고 남보다 열심히 변화에 적응하려는 노력을 기울이며 새로운 역할과 기회에 준비를 해야 한다.

6. 상황을 올바로 파악해 제어할 수 있고 타협할 수 있는 부분을 정해라.
   소귀에 경 읽기 식으로 변화를 인정하지 않느라 시간을 허비해서는 안 된다. 또 현실적으로 변화할 수 있는 것과 그렇지 못한 것들을 구별할 수 있는 지혜를 가져야 한다.
7. 가치를 추구해라.
   변화에 대처하면서 손실보다 기여를 많이 하도록 노력해라. 변화를 회피하면서 현재 지위를 유지하려 하지말고 기여할 부분이 무엇인지 생각하는 것이다. 즉, 필요한 변화를 위해 기여할 부분을 찾아 행동하라.
8. 고객 서비스 기법을 연마해라.
   향후 고객의 요구가 어떠할지 미리 예상하고, 고객의 변화를 면밀히 관찰하면서 고객의 의견을 수렴해야 한다.
9. 빠른 변화 속에서 자신을 재충전할 시간과 장소를 마련해라.
   이러한 재충전은 해변을 거닐거나 정원을 가꾸기, 친구와 차 마시기, 독서하기 등 다양한 방법으로 자신을 재충전할 기회를 가져야 한다.
10. 스트레스를 해소하라
    일할 때와 쉬어야 할 때를 분명히 구분하고, 적당한 휴식을 통해 쌓인 스트레스와 피로를 해소하고 관리할 수 있어야 한다. 아무리 체력이 좋아도 쉬지않고 일만 하는 사람은 결국 건강 문제가 생기고, 일의 능률과 효율성도 떨어지게 된다.
11. 의사소통을 통해 목표와 역할, 직원에 대한 기대를 명확히 해라
    우리뿐만 아니라 직원들도 변화에 적절히 대처할 필요가 있다. 회사 직원들이 변화 때문에 스트레스를 받고 있다면 회사 자체가 위험에 처한다. 약점을 아는 만큼 경쟁력이 높아진다.
12. 주변 환경의 변화에 주목하라
    새로운 추세나 행동양식의 변화가 무엇인지 세심하게 살펴야 한다. 무엇이 변하고 있는지 그 징후를 포착해야 한다. 새로운 추세를 파악하면 그 추세를 활용할 기회가 생긴다.

현대 비즈니스의 특징은 끊임없이 변하고 유동적이라는 점이다. 따라서 변화관리는 리더에게 있어서 매우 중요한 자질로 부각되었다. 변화를 관리하는 기술을 연마하는 데는 여러 가지 방법이 있다. 특히, 리더는 열린 커뮤니케이션, 역지사지의 자세, 신뢰감 형성, 긍정적인 자세, 직원의 의견을 받아들이고 그들에게 창조적으로 권한을 위임하는 방법 등에 관심을 기울여야 한다.

리더가 효과적인 변화관리를 하기 위해서는 다음과 같이 변화 이해, 변화 인식, 변화 수용의 3단계로 설명할 수 있다.

### ① 변화관리 1단계: 변화를 이해하라

리더는 변화에 대처하려는 직원들을 어떻게 도울 것인가를 고민하기에 앞서, 변화와

관련한 몇 가지 공통 기반을 마련하고 변화 과정에 어떤 것들이 있는지를 파악해야 한다. 먼저 변화의 실상을 정확하게 파악한 다음, 익숙했던 것들을 버리는 데서 오는 감정과 심리적 상태를 어떻게 다룰 것인가에 대해 심사숙고해야 한다. 변화관리에서 변화를 다루는 방법만큼 중요한 것은 없다.

---

1. 변화가 왜 필요한가
 : 직업 세계에서 현재의 자리에 안정적으로 머물러 있겠다는 생각은 환상에 가깝다고 할 수 있다. 변화는 더디게 일어날 수도 있으며, 그날그날의 변화를 일일이 알아차릴 수는 없지만, 변화가 일어나고 있다는 사실만은 부인할 수 없다. 변화는 발전을 더욱 가속화한다.

2. 무엇이 변화를 일으키는가
 : 믿을 수 없을 정도로 과학기술이 발전하면서 세계적으로 경쟁이 치열해지고 있다. 이러한 경쟁에서 살아남도록 외부에서 자극을 주는 것으로부터 변화는 시작된다. 변화는 가히 역동적이다. 조직 내부에서는 위에서 아래로 이루어지며, 지위고하를 막론하고 모두에게 영향을 미친다.

3. 변화는 모두 좋은 것인가
 : 한마디로 말하면 그렇지 않다. 변화를 단행하기 전에 반드시 현재의 상황과 변화와 관련되는 사항들을 면밀히 검토해야 한다. 이렇게 단계적으로 진행해가면 변화를 서둘러 실패를 초래하는 위험을 막을 수 있으며, 직원들이 변화를 자신의 일처럼 생각하게 된다.

---

### ② 변화관리 2단계: 변화를 인식하라

변화가 일어나면 모든 직원들이 눈치를 채기 마련이다. 이들은 변화에 대한 소문이 돌거나 변화 내용에 대한 설명도 하기도 전에 그것을 알아차린다. 불확실하고 의심스러운 분위기가 조성되면 직원들은 두려움과 스트레스에 시달리며, 사기는 땅으로 떨어진다. 그러므로 리더가 할 수 있는 최고의 결정은 직원들에게 변화와 관련된 상세한 정보를 제공하는 것이다. 무엇보다 직원들 자신이 변화를 직접 주도하고 있다는 마음이 들도록 이끌어야 한다. 사람은 누구나 자신의 능력을 발휘하는데 도움이 되는 아이디어 및 변화에 열정적으로 대응한다.

그러면, 변화에 저항하는 직원들을 성공적으로 이끄는데 도움이 되는 방법들을 살펴보자.

1.개방적인 분위기를 조성한다.

솔직히 지금까지는 '개방'이란 말을 싫어했을지도 모른다. 하지만 이 방법만큼 직원들을 자신의 편으로 만드는 데 좋은 것은 없다. 직원들에게 되도록 많은 사실을 알려준다. 직원들이 거리낌 없이 질문하게 하고, 이에 솔직하게 답변하도록 한다.

2.객관적인 자세를 유지한다.

가능한 객관적인 자세로 업무에 임한다. 변화를 수행하는 것이 힘들더라도 변화가 필요한 이유를 직원들이 명확히 알도록 한다. 변화의 유익성을 밝힐 수 있는 객관적인 수치 및 사례를 직원들에게 직접 확인시킬 필요가 있다.

3.직원들의 감정을 세심하게 살핀다.

사람은 본능적으로 안정을 추구하기 때문에 자신의 안전을 해칠 것으로 생각되는 것들은 거부하려는 성향이 있다. 따라서 변화가 이루어지면 자신에게 도움이 될 만한 이익이 생기는 한편, 자신이 중요하게 여기는 것을 잃거나 포기해야 할 수도 있다는 점을 직원들에게 알려야 한다.

4.변화의 긍정적인 면을 강조한다.

직원들이 변화의 긍정적인 측면을 인식하도록 돕는다. 또한 변화를 긍정적으로 받아들이는 방법을 찾도록 용기를 준다. 변화의 잠재적인 문제점을 최소화하고 긍정적인 면을 최대한 드러냄으로써, 직원들 스스로 변화가 주는 긍정적인 영향을 깨닫게 한다.

5.변화에 적응할 시간을 준다.

기존의 방식에 방식에 새로운 것을 접목함으로써 직원들에게 적응하는 시간을 충분히 주는 것이 중요하다. 기존의 업무를 바탕으로 직원들이 새로운 것에 집중하도록 자극하며, 긍정적인 목표들을 달성하도록 이끌어내는 것이 중요하다.

### ③ 변화관리 3단계: 변화를 수용하라

변화를 받아들이도록 이끄는 방법은 다양하다. 변화를 바라보는 리더의 자세, 변화에 동기를 부여하는 행위, 변화에 필요한 행동 등은 직원들을 변화시키는데 상당히 중요하다. 직원들은 리더가 자신들이 모르는 것을 알려주는 한편 긍정적이고 신뢰하는 태도로 대한다고 느낄 때, 리더의 방식을 신뢰하며 따른다. 그러므로 리더는 왜 변화가 일어나야 하는지를 직원들에게 상세하게 설명하고, 변화를 위한 직원들의 노력에 아낌없이 지원해야 한다.

부정적인 행동을 보이는 직원은 개별 면담을 통해, 늘 관심 있게 지켜보고 있다는 사실과 언제든지 대화를 나눌 수 있다는 점을 주지시킨다. 자신에게 관심을 가져주고 고민을 말할 수 있다는 사실에 직원들은 마음이 편해질 것이다.

변화에 스스로 대처하려는 직원들에게도 도움을 주어야 한다. 이런 직원들에게는 '인간은 자기 실현적 예언자'라는 점을 인식시키면 좋다. 자기 자신에게 긍정적인 말을 함으로써 성공을 불러오는 경우도 많기 때문이다. 스스로 동기를 부여하도록 '나는 할 수 있다'와 같은 신념이 담긴 말을 들려준다면, 변화와 성공의 가능성이 더욱 높아진다.

무엇보다도 직원들과 수시로 커뮤니케이션하는 것이 중요하다. 정기적인 회의를 하고, 변화에 대한 직원들의 반응을 계속 주지한다. 규모에 관계없이 변화는 적어도 부서의 한두 직원에게 영향을 미치게 마련이다. 시간을 내어 변화와 관련해 자주 논의하고, 직원들이 자신의 생각이나 제안을 직접 말할 수 있는 분위기를 만드는데 최선을 다하는 것이 중요하다.

## 학습평가

1. '변화관리'와 관련된 설명으로 적절하지 않은 것은?
   ① 조직내부에서 변화는 위에서 아래로 이루어지며, 지위고하를 막론하고 모두에게 영향을 미친다.
   ② 조직에서 일어나는 변화는 모두 바람직한 것이다.
   ③ 변화에 저항하는 직원들을 성공적으로 이끌기 위해 개방적인 분위기를 조성하는 것이 한 가지 방법이 될 수 있다.
   ④ 일반적인 변화관리 3단계는 변화를 이해하기, 변화를 인식하기, 변화를 수용하기이다.

☞ 정답 및 해설 p.183

# 학습정리

1. 리더십이란 조직의 공통된 목적을 달성하기 위하여 개인이 조직원들에게 영향을 미치는 과정이다.

2. 리더와 관리자의 최대의 차이점은 비전이 있고 없음에 있다. 그리고 관리자의 역할이 자원을 관리·분배하고, 당면한 문제를 해결하는 것이라면 리더는 비전을 선명하게 구축하고, 그 비전이 팀 멤버의 협력 아래 실현되도록 환경을 만들어 주는 것이다. 따라서 관리자의 관심사가 주로 사람이나 물건을 관리하는 것에 있는데 비해, 리더는 사람의 마음을 중시하고, 사람의 마음에 불을 지피는 사람이다. 또 관리자가 오늘의 구체적인 문제를 대상으로 삼는데 비해, 리더는 미래를 향한 새로운 상황 창조자인 것이다.

3. 일반적으로 리더십 유형은 크게 독재자 유형, 민주주의에 근접한 유형, 파트너십 유형, 변혁적 리더십 유형 등 크게 4가지로 구분할 수 있다.

4. 동기유발의 7가지 방법에는 ① 긍정적 강화법 활용, ② 새로운 도전의 기회 부여, ③ 창의적인 문제해결법 찾기, ④ 책임감으로 철저히 무장, ⑤ 몇 가지 코칭을 하기, ⑥ 변화를 두려워하지 않는 것, ⑦ 지속적인 교육 등이 있다.

5. 코칭 활동은 직원들의 능력을 신뢰하며 확신하고 있다는 사실에 기초한다. 코칭은 조직의 지속적인 성장과 성공을 만들어내는 리더의 능력이라고 말할 수 있다. 또한 직원들에게 질문을 던지는 한편 직원들의 의견을 적극적으로 경청하고, 필요한 지원을 아끼지 않아 생산성을 높이고 기술 수준을 발전시키며, 자기 향상을 도모하는 직원들에게 도움을 주고 업무에 대한 만족감을 높이는 과정이라고 말할 수 있다.

6. 임파워먼트란 '조직성원들을 신뢰하고, 그들의 잠재력을 믿으며, 그 잠재력의 개발을 통해 고성과 조직이 되도록 하는 일련의 행위'로 정의할 수 있다.

7. 일반적인 변화관리의 3단계는 변화 이해하기, 변화 인식하기, 변화 수용하기이다.

# 학습모듈 F-2-다 : 갈등관리능력

목표를 달성하기 위해 노력하는 조직이라면 갈등은 항상 일어나게 마련이다. 갈등이 해결되지 않고 방치된다면 조직의 발전을 저해할 수 있지만, 잘 관리한다면 합리적인 의사결정을 이끌어 낼 수 있다. 갈등의 원인을 파악하고, 갈등의 영향을 받은 조직원들과 함께 문제를 능동적으로 해결하기 위해서는 갈등관리능력의 함양이 필수적이다.

## 학습목표

**일반목표**
직장생활에서 조직구성원 사이에 갈등이 발생하였을 경우 이를 원만히 조절하는 능력을 기를 수 있다.

**세부목표**
1. 갈등의 의미를 설명할 수 있다.
2. 갈등의 유형을 구분할 수 있다.
3. 직장생활에서 발생한 갈등의 해결방법을 도출할 수 있다.
4. 직장생활에서 발생한 갈등을 윈-윈 갈등 관리법으로 해결할 수 있다.

## 주요용어

갈등　　　　갈등해결　　　　　　윈-윈 갈등관리법

 1. 목표를 달성하기 위해 노력하는 조직이라면 갈등은 항상 일어나게 마련이다. 그것은 의견차이가 생기기 때문이다. 그러나 그 결과가 항상 부정적인 것만은 아니다. 갈등은 새로운 해결책을 만들어주는 기회를 제공해줄 수도 있다. 직장생활에서 조직 구성원 사이에 갈등은 왜 발생하는 것일까?

 사 례

### 갈등발생의 원인

〈사례 A〉

 어느 가구제조 회사는 자금 부족에 직면해 있었다. 이에 따라 회사는 부서를 합리화시키고 원가를 절약할 수 있는 방법을 찾고자 특별 대책반을 만들었다. 이 팀의 리더인 M은 모든 팀원들에게 원가절감 방안에 대해 브레인스토밍하도록 하였다. 신임 경리담당 감독자인 R은 다음과 같은 제안을 했다. "제가 생각하기에는 재고를 줄이는 것이 추가비용을 절감시키는 길입니다."

"잠깐만요"라고 말하며 구매담당인 I가 말을 가로막았다. "재고를 줄일 수는 없습니다. 그건 말도 안되는 소리예요.", "자, 우리는 이 문제에 대하여 의견이 다른 것 같은데, 그 이유를 찾아보는 게 좋겠소."라고 R이 말했다.

〈사례 B〉

매출증대 방안을 찾기 위해 애쓰고 있는 팀 리더 M은 사내에서 능력을 인정받고 있는 영업사원인 R과 K사이에 보이지 않는 갈등이 있다는 것을 알았다. K가 아이디어를 내놓을 때마다 R은 즉시 반대를 표명했다. 그 결과, K는 점점 말이 없고 위축되어 갔다. 어느 회의에서 K는 텔레마케팅을 사용하여 영업사원들이 추가의 대금결제를 할 수 있도록 하자고 제안하였다. 이때 R은 "자기 자신의 대금결제도 모른다면 당신은 영업부에 있을 자격이 없소."라고 냉소적으로 말했다. 팀 리더 M이 두 사람 사이에 끼어들었다. "그렇게 큰 소리를 낼 필요가 없다고 생각해요. 토론을 중지하고 문제를 규명해봅시다."

## 활 동

여러분은 직장생활이나 일상생활 중 다른 사람들과 많은 갈등을 경험하였을 것이다. 아무리 관리가 잘 되고 있는 조직이라 할지라도, 많은 사람들이 섞여있는 조직은 언제나 갈등이 일어날 소지를 가지고 있는 곳이다. 때로는 갈등을 얼마나 효과적으로 해결할 수 있는가에 따라 조직의 생산성과 비전이 결정될 수도 있다.

✎ 갈등이란 무엇인지 각자의 생각을 적어보자.

|  |
|  |

✎ 당신은 조직생활에 너무 몰두한 나머지 조직원 사이에 갈등이 존재하고 있다는 사실을 미처 깨닫지 못할 수도 있다. 그렇다면 조직원들 간에 갈등이 있다는 것을 확인할 수 있는 단서에는 어떠한 것들이 있을지 각자의 생각을 적어보자.

▶
▶
▶
▶

✎ 갈등을 증폭시키는 원인으로 어떤 것이 있을지 각자의 생각을 적어보자.

▶
▶
▶
▶

F-2-다. ❽1 갈등의 의미와 원인

# 내 용

갈등(conflict)의 어원은 라틴어의 콘피게레(configere)인데, 이것은 '함께'라는 의미의 콘(con)과 '충돌이나 다툼'을 의미하는 피게레(figere)가 합쳐진 합성어로 개인이나 집단 간에 서로 충돌한다는 뜻을 가지고 있다. 일반적으로 조직을 구성하는 개인과 집단, 조직 간에 잠재적 또는 현재적으로 대립하고 마찰하는 사회적·심리적 상태를 말한다.

목표를 달성하기 위해 노력하는 팀이라면 갈등은 항상 일어나게 마련이다. **갈등**은 의견 차이가 생기기 때문에 발생하게 된다. 그러나 이러한 결과가 항상 부정적인 것만은 아니다. 갈등은 새로운 해결책을 만들어 주는 기회를 제공한다. 중요한 것은 갈등에 어떻게 반응하느냐 하는 것이다.

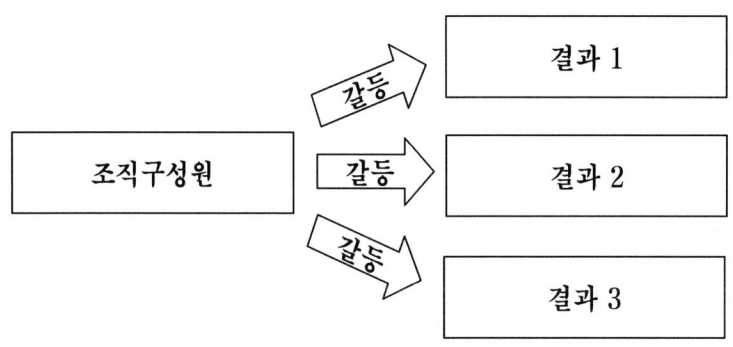

갈등이나 의견의 불일치는 불가피하며 본래부터 좋거나 나쁜 것이 아니라는 점을 인식하는 것이 중요하다. 갈등이 해결되지 않고 방치된다면 팀의 발전을 저해할 수 있다. 그러나 잘 관리한다면 갈등을 통해 합리적인 의사결정을 이끌어낼 수 있다. 결국 당신과 조직이 갈등을 어떻게 관리하느냐에 따라 결과는 달라진다.

오른쪽의 [그림]은 갈등과 조직성과의 관계를 보여주고 있는데, 갈등이 X1 수준일 때 조직의 직무성과가 가장 높아진다는 것이다. 즉, 갈등수준이 전혀 없거나 낮을 때에는 조직 내부는 의욕이 상실되고 환경변화에 대한 적응력도 떨어져 조직성과는 낮아지게 된다. 그러나 갈등수준이 적정(X1)할 때는 조직 내부적으로 생동감이 넘치고 변화지향적이며 문제해결 능력이 발휘된다. 그 결과 조직성과는 높아지고, 갈등의 순기능이 작용한다.

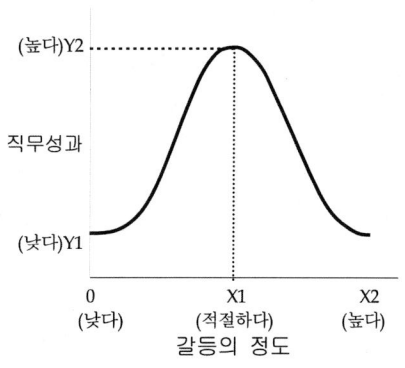

[그림] 갈등과 조직성과

마지막으로 갈등수준이 너무 높으면 조직 내부적으로 혼란과 분열이 생기고 조직에 비협조적이 된다. 그 결과 조직성과는 낮아지며, 갈등은 역기능을 한다.

그렇다면 갈등을 야기하는 단서는 무엇이며, 이러한 갈등을 증폭시키는 원인은 무엇일까?

### ① 갈등의 단서

당신은 우선 조직 내에 갈등이 존재하는지를 파악하고 깨닫는 일이 중요하다. 다음은 갈등을 파악하는데 도움이 되는 몇 가지 단서들이다.

---

1. 지나치게 감정적으로 논평과 제안을 한다.
2. 타인의 의견발표가 끝나기도 전에 타인의 의견에 대해 공격한다.
3. 핵심을 이해하지 못한데 대해 서로 비난한다.
4. 편을 가르고 타협하기를 거부한다.
5. 개인적인 수준에서 미묘한 방식으로 서로를 공격한다.

---

### ② 갈등은 어떻게 증폭되는가?

갈등을 관리하고 해소하는 방법을 보다 잘 이해하기 위해서는 갈등을 증폭시키는 원인이 무엇인지 알 필요가 있다. 다음에 세 가지의 일반적인 원인이 제시되어 있다.

---

1. 적대적 행동
   - 팀원들은 '승·패의 경기'를 시작한다.
   - 팀원들은 문제를 해결하기 보다는 '승리하기'를 원한다.

2. 입장 고수
   - 팀원들은 공동의 목표를 달성할 필요성을 느끼지 않는다.
   - 팀원들은 각자의 입장만을 고수하고, 의사소통의 폭을 줄이며, 서로 접촉하는 것을 꺼린다.

3. 감정적 관여
   - 팀원들은 자신의 입장에 감정적으로 묶인다.

---

갈등을 즉각적으로 다루지 않는다면 나중에는 곪아터진다. 그렇게 되면, 갈등은 팀 성공을 저해하는 강력한 장애물이 될 것이다. 그러나 갈등이 존재한다는 사실을 인정하고

해결을 위한 조치를 취한다면, 갈등을 성공을 위한 하나의 기회로 전환시킬 수 있을 것이다. 당신이 갈등에 직접 관련된 팀원이든 갈등을 관찰하는 팀 리더이든 간에, 갈등을 해결하고자 한다면 갈등이 존재한다는 사실부터 인정해야 할 것이다.

☞ 보다 심화된 내용은 교수자용 매뉴얼의 교수자료 참고 (p. 151)

## 학습평가

1. 다음 중 갈등을 확인할 수 있는 단서가 아닌 것은?
   ① 지나치게 감정적인 논평과 제안
   ② 핵심을 이해하여 서로 의견 공유
   ③ 편을 가르고 타협을 거부
   ④ 개인적인 수준에서 미묘한 방식으로 서로를 공격

2. 갈등을 증폭시키는 원인이 아닌 것은?
   ① 승·패의 경기
   ② 승리하는 것보다는 문제를 해결하려 함
   ③ 각자의 입장만을 고수
   ④ 자신의 입장에 감정적으로 묶임

☞ 정답 및 해설 p.183

 2. 실제로 갈등을 파악하는 일은 보기보다 매우 어렵다. 핵심적인 문제들이 대부분 갈등의 밑바닥에 깔려있기 때문에, 이러한 문제부터 해결하는 것이 필요하다. 직장생활 중 발생하는 갈등을 근본적으로 해결하려면 어떻게 해야 할까?

## 사 례

 **갈등의 해결**

〈사례 A〉

R과 I의 사례에서는 R이 재고를 줄이기를 원하고 I가 반대함으로써 갈등의 존재가 분명해졌다. R은 자신의 제안이 회사에 도움을 줄 것이라고 생각한 반면, I는 그렇지 않다고 생각했다. 만약 R이 갈등을 인정하지 않은 상태에서 갈등을 파악했더라면, 갈등은 더 커졌을 것이다.

〈사례 B〉

R과 K의 사례에서 팀 리더 M은 3명만의 모임을 별도로 가지는 것이 갈등을 해결하는 최선의 방법이라고 느꼈다. 그는 다음 날 미팅 계획을 세웠다. 미팅에서 M은 R이 자신이 배정받아야 한다고 생각했던 좋은 판매지역을 K가 배정받았다는 것 때문에 K를 매우 비난하고 있음을 알았다. K의 지역 배정에 대한 R의 분노는 팀 회의에서도 나타나 팀의 발전을 가로막고 있었다.

## 활 동

실제로 존재하는 갈등을 파악하기 위해서는 먼저 자신의 패러다임을 점검하는 것이 중요하다. 어설픈 선입관은 가능한 것, 현실적인 것, 필요한 것에 대한 관점을 제한하기 때문에 갈등을 올바르게 파악하는데 걸림돌이 된다.

따라서 어떠한 갈등이 생긴다면 이를 무턱대고 해결하려 하기 전에, 자신의 사고방식을 점검하도록 한다. 이를 통해 갈등을 성공적으로 해결하는데 발목을 잡는 자신만의 편견에는 어떤 것들이 있는지 짚고 넘어갈 수 있을 것이다.

✎ 일반적으로 갈등이 빚어지고 있는 상황에 대해 어떠한 사고방식을 가지고 있는지 적어보자.(예: "대립적인 상황에서 누군가가 이기고, 다른 사람이 져야 게임이 끝난 것이라 할 수 있다.")

|  |
|---|
|  |

✎ 현재 해결해야 하는 갈등에 대해 생각해보면서, '상대방'을 어떻게 생각하고 있는지 적어보자.(예: "그 사람과 해결을 보는 유일한 방법은 내가 원하는 바를 확실히 말하고, 절대 빈틈을 타고 들어오지 못하도록 하는 것이다. 안 그러면, 내가 온통 뒤집어 쓸 것이다.")

| 나는 어떤가 : |
|---|
|  |

✎ 위와 같은 상황에서 자기 자신을 어떻게 생각하는지 적어보자.(예: "이 상황에 대해 내가 할 수 있는 것은 전무하다. 한바탕 소리지르며 서로 달려들 것이다. 그 여자는 정말로 내 피를 솟게 하기 때문에 어쩔 수 없다.")

| 나는 어떤가? : |
|---|
|  |

# 내 용

갈등을 효과적으로 해결하기 위해서는 갈등을 부지런히 탐색하여야 한다. 실제의 갈등을 파악하는 일은 보기보다 매우 어렵다. 갈등은 핵심적인 문제나 감정적인 문제들에서 생겨나게 된다.

### ① 갈등의 두 가지 쟁점

모든 갈등에는 두 가지 쟁점들이 교차한다. 주된 갈등이 어떤 일을 하는 방법에 기인한 것이라고 할지라도, 자존심을 위협하거나 질투를 유발하는 것과 같은 감정적인 문제들이 갈등의 강도를 높일 수 있다.

| 핵심 문제 | 감정적 문제 |
|---|---|
| ▫ 역할 모호성<br>▫ 방법에 대한 불일치<br>▫ 목표에 대한 불일치<br>▫ 절차에 대한 불일치<br>▫ 책임에 대한 불일치<br>▫ 가치에 대한 불일치<br>▫ 사실에 대한 불일치 | ▫ 공존할 수 없는 개인적 스타일<br>▫ 통제나 권력 확보를 위한 싸움<br>▫ 자존심에 대한 위협<br>▫ 질투<br>▫ 분노 |

핵심적인 문제들(예: 업무과제에 대한 불일치)은 대부분 갈등의 밑바닥에 깔려있는 반면에, 감정적인 문제들은 갈등을 복잡하게 만든다. 예를 들어, 어느 한 사람이 특정 과제(핵심 문제)를 맡았을 때 다른 사람은 조직이 자신을 알아주지 않는다고 느끼고 화가 날 수 있다(감정적 문제). 갈등을 해결하기 위해서는 핵심적인 문제부터 해결해야 한다.

### ② 갈등의 두 가지 유형

갈등에는 두 가지 유형이 있다. 두 가지를 명확히 구별하고 그 유형들을 각기 독립적으로 다루면, 문제를 훨씬 수월하게 해결할 수 있다.

첫 번째 유형은 '불필요한 갈등'이다. 개개인이 저마다 문제를 다르게 인식하거나 정보가 부족한 경우, 편견 때문에 발생한 의견 불일치로 적대적 감정이 생길 때 불필요한 갈등이 일어난다.

두 번째 유형은 '해결할 수 있는 갈등'이다. 목표와 욕망, 가치, 문제를 바라보는 시각과 이해하는 시각이 다를 경우에 일어날 수 있는 갈등이다. 이러한 갈등은 상대를 먼저 이해하고, 서로가 원하는 것을 만족시켜주면 저절로 해결된다.

당신이 가장 중요하다고 여기는 문제가 다른 사람 때문에 해결되지 못한다고 느낄 때 불필요한 갈등이 생긴다. 불필요한 갈등은 다음과 같은 상황에서 일어날 수 있다.

- 근심걱정, 스트레스, 분노 등의 부정적인 감정
- 잘못 이해하거나 부족한 정보 등 전달이 불분명한 커뮤니케이션
- 편견, 변화에 대한 저항, 항상 해오던 방식에 대한 거부감 등에서 나오는 의견 불일치

관리자의 신중하지 못한 태도로 인해 갈등이 발생했을 때, 불필요한 갈등이 심각한 수준에 이를 수 있다. 리더들조차 이러한 갈등을 해결하지 못할 때가 많다. 이러한 갈등을 예방하고 줄이고 통제할 수 있는 방법들을 반드시 찾아야 한다. 갈등의 원인을 먼저 확인하고 해결할 방법을 결정한 다음, 상황을 어떻게 마무리할 것인가를 정한다.

두 사람이 정반대되는 욕구나 목표, 가치, 이해에 놓였을 때는 해결 가능한 갈등이 일어난다. 대표적인 예로, 같은 팀에 몸담고 있지만 다른 부서 출신인 두 명의 직원이 문제의 원인에 대해 서로 다른 견해를 가지고 있는 경우를 꼽을 수 있다. 두 사람 모두 상대방에게 문제에 대한 책임이 있다고 생각할 것이다.

갈등은 한 순간에 발생하여 끝나는 것이 아니다. 사소한 문제라고 생각했던 것이 생각지 않게 큰 문제가 되어 어려움을 겪기도 한다.

갈등의 과정은 다음과 같이 몇 가지 단계를 거치면서 진행된다.

1. 의견 불일치

인간은 다른 사람들과 함께 부딪치면서 살아가게 되는데, 서로 생각이나 신념, 가치관이 다르고 성격도 다르기 때문에 다른 사람들과 의견의 불일치를 가져온다. 많은 의견 불일치는 상대방의 생각과 동기를 설명하는 기회를 주고 대화를 나누다보면 오해가 사라지고 더 좋은 관계로 발전할 수 있지만, 사소한 오해로 인한 사소한 갈등이라도 그냥 내버려두면 심각한 갈등으로 발전하게 된다.

2. 대결 국면

의견 불일치가 해소되지 않으면 대결 국면으로 빠져들게 된다. 이 국면에서는 이제 단순한 해결방안은 없고 제기된 문제들에 대하여 새로운 다른 해결점을 찾아야 한다. 일단 대결국면에 이르게 되면 감정이 개입되어 상대방의 주장에 대한 문제점을 찾기

시작하고, 자신의 입장에 대해서는 그럴듯한 변명으로 옹호하면서 양보를 완강히 거부하는 상태에까지 이르게 된다. 즉, 상대방의 입장은 부정하면서 자기주장만 하려고 한다. 서로의 입장을 고수하려는 강도가 높아지면서 서로간의 긴장은 더욱 높아지고 감정적인 대응이 더욱 격화되어 간다.

### 3. 격화 국면

격화 국면에 이르게 되면 상대방에 대하여 더욱 적대적인 현상으로 발전해 나간다. 이제 의견일치는 물건너가고 설득을 통해 문제를 해결하려고 하기보다는 강압적, 위협적인 방법을 쓰려고 하며, 극단적인 경우에는 언어폭력이나 신체적인 폭행으로까지 번지기도 한다. 상대방에 대한 불신과 좌절, 부정적인 인식이 확산되면서 다른 요인들에까지 불을 붙이는 상황에 빠지기도 된다. 이 단계에서는 상대방의 생각이나 의견, 제안을 부정하고, 상대방은 그에 대한 반격으로 대응함으로써 자신들의 반격을 정당하게 생각한다.

### 4. 진정 국면

시간이 지나면서 정점으로 치닫던 갈등은 점차 감소하는 진정 국면에 들어선다. 계속되는 논쟁과 긴장이 귀중한 시간과 에너지만 낭비하고 이러한 상태가 무한정 유지될 수 없다는 것을 느끼고 점차 흥분과 불안이 가라앉고 이성과 이해의 원상태로 돌아가려 한다. 그러면서 협상이 시작된다. 협상과정을 통해 쟁점이 되는 주제를 논의하고 새로운 제안을 하고 대안을 모색하게 된다. 이 단계에서는 중개자, 조정자 등의 제3자가 개입함으로써 갈등 당사자 간에 신뢰를 쌓고 문제를 해결하는데 도움이 되기도 한다.

### 5. 갈등의 해소

진정 국면에 들어서면 갈등 당사자들은 문제를 해결하지 않고는 자신들의 목표를 달성하기 어렵다는 것을 알게 된다. 물론 경우에 따라서는 결과에 다 만족할 수 없는 경우도 있지만 어떻게 해서든지 서로 일치하려고 한다.

서로 간에 쌓인 갈등의 해소는 회피형, 지배 또는 강압형, 타협형, 순응형, 통합 또는 협력형 등의 방법으로 이루어진다(장동운, 2009).

## 학습평가

1. 갈등의 두 가지 쟁점 중, 핵심문제에 대한 설명으로 적절하지 않은 것은?
   ① 역할 모호성
   ② 책임에 대한 불일치
   ③ 통제나 권력확보를 위한 싸움
   ④ 목표에 대한 불일치

2. 다음 빈 칸에 적절한 말을 넣어보자.
   갈등에는 두 가지 유형이 있다. 첫 번째 유형은 (　　　　　)이다. 개개인이 저마다 문제를 다르게 인식하거나 정보가 부족한 경우, 편견 때문에 발생한 의견 불일치로 적대적 감정이 생길 때 불필요한 갈등이 일어난다. 두 번째 유형은 (　　　　　)이다. 목표와 욕망, 가치, 문제를 바라보는 시각과 이해하는 시각이 다를 경우에 일어날 수 있는 갈등이다.

3. 여러분의 일상생활이나 업무에서 갈등의 제과정을 경험한 사례를 찾아 적어보자.
   - 의견불일치 :

   - 대결 국면 :

   - 격화 국면 :

   - 진정 국면 :

   - 갈등의 해소 :

☞ 정답 및 해설 p.183

 3. 갈등을 효과적으로 해결하기 위해서는 각자의 입장을 탐색하고 의사소통 채널을 개방하며, 다른 사람들을 참여시키는 것이 중요하다. 특히 갈등을 성공적으로 해결하기 위해서는 쟁점의 양 측면을 모두 이해하는 것이 중요하다. 직장생활 중 발생하는 갈등을 해결하기 위한 방법을 함께 모색하여 보도록 하자.

### 다양한 갈등해결방법

S병원에서 외과 전문의로 일하고 있는 K박사는 골절과 외상에 대한 수많은 수술을 집도하면서 권위있는 전문의사로 정평이 나 있다. 그 명성을 듣고 최근 환자들이 몰려들어 입원실이 부족할 지경이고 수술에 필요한 몰핀, 주사바늘, 수술가위 등의 재료와 의료기구가 부족하여 자재과에 열흘전에 주문해놓았지만 아직 입고되자 않아 두 차례나 독촉한 상태이다. 자재과를 책임지고 있는 L과장은 난감해 하고 있다. 자재창고의 공간이 부족할 뿐만 아니라 각 부서별로 자재주문이 들어온 순서대로 처리하도록 규정되어 있기 때문에 K박사의 구매주문 보다 빠른 주문이 아직 다섯 가지나 있다. L과장이 월요일 총무부 회의를 마치고 왼쪽에서 붐비는 병원로비로 걸어 나오는데, 오른쪽 복도 끝에서 K박사가 오고 있는 것 같았다.

〈사례 A〉

병원 로비로 걸어나오던 L과장은 멈칫하며 순간 어쩌나 하다가 오른쪽 복도로 가지 않고 K박사를 피해서 북쪽 다른 복도를 이용하여 돌아서 자재과로 갔다.

<사례 계속>

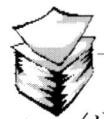

〈사례 B〉

 K박사가 L과장을 보더니 언제부터 직접 만나 따져서 물어보려고 했는데 잘 되었다며 로비로 걸어나와 재빨리 L과장을 막아서고는 자재주문이 어떻게 되었냐며 다그쳐 물었다. L과장은 병원 규정대로 주문건수를 해결하고 있으나 그 전에 주문들어온 걸 처리하느라 아직 구매할 수 없다고 했다. K박사는 화를 내면서 많은 수술환자가 대기하고 있는데, 당장 주문서를 처리하지 않으면 원장에게 보고하여 문책하도록 하겠다고 협박하였다. L과장은 병원 규정을 무시하면서 수술용 의료자재를 먼저 구매해줄 수 없으니 원장에게 보고하던지 말든지 마음대로 하라고 반박했다.

〈사례 C〉

 L과장은 K박사가 성격이 불같고 자기에게 귀찮게 하는 사람을 수단방법을 가리지 않고 응징하는 조폭같은 위인이라고 생각하면서 이번 외과 자재주문을 규정을 위반해서라도 내일 당장 처리해주겠으니 하루만 기다려 달라며 K박사를 달랬다.

〈사례 D〉

 K박사가 난리법석을 떨며 L과장을 협박까지 하였지만 L과장도 호락호락하지 않았다. 30분간 두 사람이 옥신각신 하다가 K박사는 다른 건 다 양보할테니 몰핀만은 내일까지 좀 구매해달라고 부탁하자 L과장은 병원규정을 어길 순 없지만 몰핀만은 직권으로 구매해주겠다고 마지못해 응답했다.

〈사례 E〉

 K박사의 다급한 부탁을 받고 L과장은 환자들에게 불편을 주지 않고 수술을 받을 수 있도록 하는 것이 병원이미지와 발전에 매우 중요하다는 인식을 공감하였다. 그래서 L과장은 M총무부장과 상의한 결과 외과의 긴급 상황을 원장에게 보고하여 재가를 받아서 처리해보자는 답변을 받았다. 그래서 K박사는 수술환자 대기상태와 자재부족의 실태를 자세히 작성하여 결재를 받게 되었다. 비록 이틀이 걸렸지만 외과 K박사와 자재가 L과장이 모두 만족하는 원원의 결과를 얻을 수 있었다(원창희, 2012).

## 활 동

위에 제시된 사례를 읽고, 각각의 갈등해결방법에 대하여 자신이 느낀 점을 자유롭게 적어 보도록 하자. 그리고 위의 사례들 중 자신이 선택할 가능성이 가장 높은 반응은 어떤 유형일까?

| 사례 | 사례를 통해 느낀 점 |
|---|---|
| A | •<br>•<br>• |
| B | •<br>•<br>• |
| C | •<br>•<br>• |
| D | •<br>•<br>• |
| E | •<br>•<br>• |

당신과 현재 갈등을 빚고 있는 사람과 그 해결방법이나 타협점을 찾으려면 어떻게 해야 할지 각자의 생각을 적어 보도록 하자.

# 내 용

다양한 갈등 상황에서 반응하는 갈등해결방법에는 회피형, 경쟁형, 수용형, 타협형, 통합형(협력형) 등 다섯 가지 유형으로 구분해볼 수 있다.

1. 회피형(avoiding)

 회피형은 자신과 상대방에 대한 관심이 모두 낮은 경우로서, 갈등 상황에 대하여 상황이 나아질 때까지 문제를 덮어두거나 위협적인 상황에서 피하고자 하는 경우를 말한다. 회피형은 개인의 갈등상황으로부터 철회 또는 회피하는 것으로, 상대방의 욕구와 본인의 욕구를 모두 만족시킬 수 없게 된다. 이 전략은 '나도 지고 너도 지는 방법(I lose-You lose)'이라고도 한다.

2. 경쟁형(competing)

 경쟁형은 지배형(dominating)이라고도 하는데, 자신에 대한 관심은 높고 상대방에 대한 관심은 낮은 경우로서 '나는 이기고 너는 지는 방법(win-lose)'을 말한다. 경쟁형은 상대방의 목표달성을 희생시키면서 자신의 목표를 이루기 위해 전력을 다하는 전략이다. 이 방법은 제로섬(zero sum) 개념을 의미한다.

3. 수용형(accomodating)

 수용형은 자신에 대한 관심은 낮고 상대방에 대한 관심은 높은 경우로서 '나는 지고 너는 이기는 방법(I lose-You win)'을 말한다. 이 방법은 상대방의 관심을 충족하기 위하여 자신의 관심이나 요구는 희생함으로써 상대방의 의지에 따르는 경향을 보인다. 이 방법은 상대방이 거친 요구를 해오는 경우에 전형적으로 나타나는 반응이다.

4. 타협형(compromising)

 타협형은 자신에 대한 관심과 상대방에 대한 관심이 중간정도인 경우로서, 서로가 받아들일 수 있는 결정을 하기 위하여 타협적으로 주고받는 방식(give and take)을 말한다. 즉, 갈등 당사자들이 반대의 끝에서 시작하여 중간 정도 지점에서 타협하여 해결점을 찾는 것이다. 갈등 당사자 간에 불신이 클 때에는 이 방법은 실패한다.

5. 통합형(integrating)

 통합형은 협력형(collaborating)이라고도 하는데, 자신은 물론 상대방에 대한 관심이 모두 높은 경우로서 '나도 이기고 너도 이기는 방법(win-win)'을 말한다. 이 방법은 문제해결을 위하여 서로 간에 정보를 교환하면서 모두의 목표를 달성할 수 있는 원원 해법을 찾는다. 아울러 서로의 차이를 인정하고 배려하는 신뢰감과 공개적인 대화를 필요로 한다. 통합형이 가장 바람직한 갈등해결 유형이라 할 수 있다.

**갈등을 성공적으로 해결**하기 위해서는 쟁점의 양 측면을 모두 이해해야 한다. 내성적이거나 자신을 표현하는데 서투른 팀원을 격려해주는 것이 중요하며, 이해된 부분을 검토하고 누가 옳고 그른지에 대해 논쟁하는 일은 피하는 것이 좋다.

또한, 갈등이 사람들의 수행에 어떻게 영향을 미치는지를 토의해 보는 것이 좋다. 느낌이나 성격이 아니라 사실이나 행동에 초점을 두어야 한다. '비난'의 행동은 감정을 야기시켜서 사람들이 이에 주목하게 만든다.

비난을 피하기 위해 조직원들이 차이점보다는 유사점을 파악하도록 도움을 주는 것이 필요하다. 유사점을 강조하면 갈등의 당사자들이 공통의 토대 위에서 만날 수 있게 된다. 차이점이 있다면 차이의 본질에 대해 이해하는 것이 필요하다.

갈등해결방법을 조직원들과 함께 모색함에 있어 다음 사항을 명심하여야 할 것이다.

1. 다른 사람들의 입장을 이해한다. 사람들이 당황하는 모습을 자세하게 살핀다.
2. 어려운 문제는 피하지 말고 맞선다.
3. 자신의 의견을 명확하게 밝히고 지속적으로 강화한다.
4. 사람들과 눈을 자주 마주친다.
5. 마음을 열어놓고 적극적으로 경청한다.
6. 타협하려 애쓴다.
7. 어느 한쪽으로 치우치지 않는다.
8. 논쟁하고 싶은 유혹을 떨쳐낸다.
9. 존중하는 자세로 사람들을 대한다.

이렇게 각자의 입장을 탐색하고 의사소통 채널을 개방하며, 다른 사람들을 참여시켜서 개방적으로 토의하게 되면 가능한 대안과 정보의 폭을 넓힐 수 있고 토의에 참여하는 사람들은 보다 신뢰할 수 있고 건강한 관계를 형성할 수 있을 것이다.

조직원들이 갈등을 해결하기 위한 방법을 논의한 다음에는 한 가지 해결책을 정하게 된다. 이때 조직원들은 가능하면 모두가 편안한 마음으로 해결책을 얻을 필요가 있다. 따라서 모임도 공동으로 문제를 해결하는 회합이 되어야 한다. 즉, 어느 누구도 다른 사람에게 문제해결 방법을 지시해서는 안 된다. 합의를 강요할 수는 없는 것이다.

문제해결을 위해 서로의 관점과 공동의 책임을 수용하도록 하는 한 가지 방법은 팀원들에게 서로의 역할을 바꾸어서 수행해 보도록 하는 것이다.

## 학습평가

1. 갈등해결방법을 모색함에 있어서 적절한 행동이 아닌 것은?
   ① 다른 사람들의 입장을 이해한다.
   ② 어려운 문제는 우선 피한다.
   ③ 마음을 열어놓고 적극적으로 경청한다.
   ④ 존중하는 자세로 사람들을 대한다.

2. 다음에 제시된 5가지의 갈등해결 유형을 위의 사례(A~E)와 그 적용 상황에 맞게 각각 연결시켜 보자.

   회피형 (사례 __) •        • 나도 지고 너도 지는 방법(I lose - You lose)
   경쟁형 (사례 __) •        • 서로 주고 받는 방식(give and take)
   수용형 (사례 __) •        • 나도 이기고 너도 이기는 방법(win-win)
   타협형 (사례 __) •        • 나는 지고 너는 이기는 방법(I lose-You win)
   통합형 (사례 __) •        • 나는 이기고 너는 지는 방법(win-lose)

☞ 정답 및 해설 p.184

 4. 다음의 사례에서 리더인 철수는 상사와 갈등을 겪고 있는 신입사원을 코치하기 위해 '윈-윈 갈등 관리법'을 사용하고 있다. '윈-윈 갈등 관리법'이란 무엇인지 알아보도록 하자.

## 사 례

### 상사와 갈등을 겪고 있는 신입사원

종수 : 지난 몇 개월 동안 이메일, 체크리스트, 불만사항에 이르기까지 모든 자료를 철저하게 살폈습니다. 그러나 정작 상사인 미라씨에게서는 필요한 자료를 얻을 수 없었습니다. 그래서 보고서가 늦었습니다.

철수 : 이 문제와 관련해서 직접 미라씨에게 말을 하지 않은 이유가 무엇입니까? 그녀에게 월간보고서 작성에 필요한 자료들을 좀 더 편리하게 얻을 수 있는 방법에 대해서 논의하고 싶다고 말하세요. 매월 어느 시점까지 자료가 필요한데, 미라씨를 귀찮게 하지 않고서는 자료를 수집하기 어렵다고 자세하게 설명하세요. 미라씨에게 이런 상황을 어떻게 생각하는지 물어보세요. 그리고 그것이 미라씨에게 왜 어려운지에 대해 생각하면서 그녀의 말을 적극적으로 경청하세요. 미라씨가 어떤 말을 하리라고 생각합니까?

종수 : 미라씨는 저와 논의하려고 애를 쓰지만, 긴급한 프로젝트를 처리하느라 늘 시간이 부족한 것 같습니다.

철수 : 그렇다면 미라씨의 그런 자세를 어떻게 생각하세요?

종수 : 정보를 바탕으로 해서 팀의 성과와 프로젝트 진척 상황, 인센티브 등을 평가해야 하기 때문에 당연히 미라씨에게서 자료를 얻어야 한다고 생각합니다. 그런데 저는 미라씨에게 이 문제에 대해서 한번도 말씀드리지 않은 것 같습니다.

〈사례 계속〉

철수 : 그렇다면 자료를 얻는 것이 왜 중요한지 미라씨가 알고 있어야 하며, 그것의 중요성을 미라씨가 제대로 알고 있는지 확인해야 합니다. 항상 그 점을 유념해야 합니다.

종수 : 예, 알겠습니다. 미라씨도 좋은 반응을 보이리라 생각합니다.

철수 : 종수씨와 미라씨의 마음에 쏙 드는 참신하면서도 창조적인 아이디어를 브레인스토밍 해보세요. 몇 가지 아이디어를 생각한 다음 하나의 아이디어를 메모해서 미라씨에게 전해주세요. 아마 미라씨는 이메일보다는 메모를 읽고 그에 따른 조치를 할 겁니다. 다음 달 보고서를 작성한 다음에 제가 말한 것이 얼마나 효과적인지를 알 수 있을 겁니다. 하지만 그 방법이 서로에게 만족스러운지 알아보기 위해서는 한 두 번 정도 그에 관한 이야기를 자세하게 나누어보는 게 좋습니다.

## 활 동

 현재의 업무상황이나 일상생활 중에 당신이 겪고 있는 갈등 상황을 생각하면서 '윈-윈 갈등 관리법' 워크시트를 작성하면서 최선의 갈등 해결책을 선택하여 보자.

1단계: 충실한 사전 준비
- 자신의 위치와 관심사를 적어보자(예: 원하는 것이 무엇인가? 왜 그것을 원하는가?).
- 상대방이 피력한 입장과 드러내지 않은 관심사를 적어보자.

2단계: 긍정적인 접근 방식
- 상대방이 필요로 하는 것에 대해 생각해 보았다는 점을 인정해보자(예: "너에게 중요한 것이 무엇인지 생각해봤어. 너는 이러이러한 것을 원하는 것 같은데, 맞지?").
- 누이 좋고 매부 좋게 하려는 '윈윈 의도'를 명시해보자(예: "나는 우리 모두에게 만족스러운 해결책을 찾고 싶어.")
- 윈윈 절차, 즉 협동적인 절차에 임할 자세가 되어 있는지 알아보자(예: "우리 모두에게 만족스러운 해결책을 찾기 위해 나와 노력할 의사가 있는가?").

3단계: 두 사람의 입장을 명확히 하기
- 어떤 부분이라도 동의하는 것이 있으면 인정해보자(예: "우리가 서로 동의하는 부분을 검토해보자. 우리가 원하는 것은 이러이러한 것이지?").
- 기본적으로 다른 부분을 인정해보자(예: "우리가 서로 다른 부분을 검토하자. 네가 바라는 것은 이렇고, 내가 바라는 것은 이렇다.").
- 자신이 이해한 바를 점검하자(예: "네 생각이 바로 이런 것이니?").

4단계: 윈윈에 기초한 기준에 동의하기
- 상대방에게 중요한 기준을 명확히 하자(예: "만약 합당한 개런티가 보장되고 작년 계약 비용의 10%가 넘지 않으면, 무리 없이 동의하고 2주 안에 실행할 수 있다는 말이지?").

- 자신에게 어떤 기준이 중요한지 말해보자(예: "내가 중요시하는 것은 우리가 동의한 방법으로 빨리 실행하는 것과, 현재의 요금 정책에 부합하게 하고, 그리고 내년 업무 체계에 부합할 수 있는 것이야.").

5단계: 몇 가지 해결책을 생각해내기
 - 해결책에 대해 함께 브레인스토밍 해보기.

6단계: 해결책 평가하기
 - 4단계에서 세운 기준을 바탕으로 5단계에서 생각해낸 몇 가지 해결책들을 평가해보기

7단계: 최종 해결책을 선택하고, 실행하는 것에 동의하기

## 내 용

　사람들은 대부분 일상에서 벌어지는 갈등을 피하거나 타협으로 예방하려고 한다. 이러한 접근법은 상당히 효과적이다. 하지만 문제를 근본적으로 해결하는 것이 가장 좋다. 갈등과 관련된 모든 사람으로부터 의견을 받고자 노력한다면, 문제의 본질적인 해결책을 얻을 수 있다. 이를 '**윈-윈(Win-Win) 관리법**'이라고 한다. 서로가 원하는 바를 얻을 수 있기 때문이다. 이 방법은 성공적인 업무관계를 유지하는데 매우 효과적이다.

　윈윈 해결책에 도움이 되는 갈등해결방식에는 몇 가지 모델이 있다. 각각은 상호 대립적인 상황을 만족스럽게 해결하기 위해 밟아야 할 구체적인 단계를 설명해주고 있다.

　어떤 모델을 적용할지 미리 결정하는 것보다 팀 내에서 대립이 있을 때마다 적절한 모델을 적용하는 것이 더 중요하다. 일단 이렇게 시작하면 대화를 시작하는 것에 대한 두려움이 별로 안 생기고, 상호 의견 교환에 있어 더 자신감이 붙는다. 동기부여가 충분한 사람들도 주도권을 놓칠까봐 우려하거나, 어떻게 상호 절충안을 마련할지 감이 안 잡힐 경우, 갈등을 굳이 해결하려고 하지 않는다. 팀에서 특정한 모델을 사용하기로 동의하면, 사람들은 어떻게 상호작용이 진행될지 예상할 수 있다. 이미 합의된 절차를 취하기로 한 것이기에, 생소함에서 오는 두려움은 줄어든다. 각 단계마다 발생하는 문제만 잘 처리하면 되는 것이다. 대립 당사자들은 지향점, 즉 상호 만족하는 해결책을 알고 있고, 각 단계 절차를 숙지하고 있다.

　팀에서 특정한 갈등 해결 모델을 사용하는데 서로가 동의할 때 팀 내의 갈등이 감소하게 마련이다. 다음은 한 가지 모델에 대한 개요이다.

　　1단계 : 충실한 사전 준비
　　　▫ 비판적인 패러다임 전환
　　　▫ 자신의 위치와 관심사 확인
　　　▫ 상대방의 입장과 드러내지 않은 관심사 연구

　　2단계 : 긍정적인 접근 방식
　　　▫ 상대방이 필요로 하는 것에 대해 생각해 보았다는 점을 인정
　　　▫ 자신의 '윈윈의도' 명시
　　　▫ 윈윈절차, 즉 협동적인 절차에 임할 자세가 되어 있는지 알아보기

　　3단계 : 두 사람의 입장을 명확히 하기
　　　▫ 동의하는 부분 인정하기

▫ 기본적으로 다른 부분 인정하기
▫ 자신이 이해한 바를 점검하기

4단계 : 윈윈에 기초한 기준에 동의하기
▫ 상대방에게 중요한 기준을 명확히 하기
▫ 자신에게 어떠한 기준이 중요한지 말하기

5단계 : 몇 가지 해결책을 생각해내기

6단계 : 몇 가지 해결책 평가하기

7단계 : 최종 해결책을 선택하고, 실행하는 것에 동의하기

그러나 당사자들이 윈윈 해결책을 모색하려 하지 않으면, 어떤 모델도 효과가 없다. 다시 말해서 대립을 조정할 수 있으면 효과를 본 것이고, 이전과 다름 없으면 헛수고인 셈이다. 팀 리더의 영향력과 좋은 의도를 가진 동료간의 압력은 협동정신을 토대로 문제를 해결하는 데에 동기부여가 될 수 있다.

지향해야 할 것은 장기간의 대인관계에 해가 되지 않도록 하는 과정을 통해 상호적으로 만족할 만한 해결책을 모색하는 것이다. 그 과정에서 자신의 주장만 밀고 나간다면, 대립전에서 승자가 될진 모르지만 결국에는 패하게 된다. 자신의 관심사를 직시하고, 상대의 관심사를 경청할 용의가 있으며, 상호적으로 만족할 만한 해결책을 모색하려는 굳건한 자세가 윈윈전략에 요구된다.

## 학습평가

1. '윈-윈(Win-Win) 갈등 관리법'에 대한 설명으로 적절하지 않은 것은?
   ① 문제의 본질적인 해결책을 얻는 방법이다.
   ② 갈등을 피하거나 타협으로 예방하기 위한 방법이다.
   ③ 갈등 당사자 서로가 원하는 바를 얻을 수 있는 방법이다.
   ④ 긍정적인 접근방식에 의거한 갈등해결 방식이다.

☞ 정답 및 해설 p.184

1. 조직의 갈등을 다루는 가장 생산적인 접근방식은 갈등이 발생하기 전에 그것을 예방하는 것이다. 직장생활 중 갈등을 줄이기 위하여 스스로 할 수 있는 일에는 어떠한 것들이 있을지 생각해보도록 하자.

 사 례

### 갈등을 줄이기 위한 기법

〈사례 A〉

I는 R의 방문을 받고서 입을 열었다. "물론, 재고를 줄임으로써 여분의 자금을 확보할 수 있게 될 것입니다. 그러나 그렇게 함으로써 우리 구매부가 얼마나 부담을 지게 될지 당신은 모르고 있습니다." 그러자 R이 말했다. "당신의 말이 맞습니다. 난 그런 문제가 있으리라고 예상하지 못했었죠. 어떤 부담을 받을 것 같습니까? I는 한숨을 쉬며 말했다. "만약 우리의 주고객으로부터 주문을 받았는데 제품을 생산할 자재가 없다면, 납기를 맞추기 위해 웃돈을 주고 자재를 구매해야 할 것입니다. 그렇게 되면 우리는 많은 비용부담을 안고 이익을 남기지 못하게 되죠."

〈사례 계속〉

〈사례 B〉

M은 R에게 그의 견해를 이야기하도록 요구했으며, 느낌이 아닌 사실을 공유할 것을 요청했다. R이 말하기 시작했다. "나는 K가 훌륭한 영업사원이 아니라고 말하는 게 아닙니다. 나는 오랫동안 그 지역을 원했습니다. 그러나 K가 여자라는 이유 때문에 관리자가 그 지역을 담당하도록 했다고 생각합니다." 이번에는 M이 물었다. "당신은 그것이 사실이라고 생각하는 겁니까? R은 고개를 끄덕였다. M은 K에게 시선을 주면서 물었다. "K, 당신은 이에 대해 어떻게 이야기하겠습니까?"

그러자 K는 공감한다는 듯이 말했다. "나는 그러한 평가를 받는 것이 정말로 마음이 편치 않습니다. 만약 그것이 사실이라면, R이 화낸 것에 대해 충분히 이해할 수 있습니다. 그러나 문제의 진실은 내가 더 오랫동안 이 회사에서 근무했다는 것입니다. R과 나는 모두 성과를 올려왔습니다. 그러나 근무는 내가 더 오래 했죠."

미팅은 계속되었다. M은 그들의 갈등이 팀에 어떤 영향을 미치는지를 강조했다. R은 분노 때문에 효율적으로 행동하지 못했고, K가 제시한 좋은 아이디어에 대해 반대했으며, 팀에 상처를 입었다

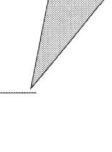

## 활 동

 여러분의 조직에서는 갈등을 최소화하기 위해 어떤 기본원칙을 설정할 수 있겠는지 각자의 생각을 적어보자.

① 먼저 다른 팀원의 말을 경청하고 나서 어떻게 반응할 것인가를 결정하라.

② 모든 사람이 거의 대부분의 문제에 대해 나름의 의견을 가지고 있다는 점을 인식하라.

③ 의견의 차이를 인정하라.

④

⑤

⑥

⑦

## 내 용

조직의 갈등을 다루는 가장 생산적인 접근방식은 갈등이 발생하기 전에 그 잠재력을 줄이는 조치를 취하는 것이다. 팀은 팀원 상호간에 서로의 성격 특성을 민감하게 인식하거나, 직무에 대한 서로의 관점을 이해하기 위해 교차훈련을 실시하거나, 또는 팀 행동에 대한 지침, 즉 '기본원칙'을 설정하는 등 여러 가지 방법을 사용할 수 있다.

- 다른 팀원의 성격 특성에 민감하라
- 교차훈련을 실시하라
- 기본원칙을 설정하라

맨 마지막 방법은 간단하면서도 매우 성공적인 방법이다. 팀원들이 자신의 팀에 대한 기본원칙을 알고 이해하며 동의한다면, 팀은 보다 효과적으로 운영될 것이다.

앞에서 사례로 든 두 팀이 갈등을 최소화하기 위해 고려할 수 있는 기본원칙으로는 다음과 같은 것들이 있을 것이다.

- 먼저 다른 팀원의 말을 경청하고 나서 어떻게 반응할 것인가를 결정하라.
- 모든 사람이 대부분의 문제에 대해 나름의 의견을 가지고 있다는 점을 인식하라.
- 의견의 차이를 인정하라.
- 팀 갈등해결 모델을 사용하라.
- 여러분이 받기를 원치 않는 형태로 남에게 작업을 넘겨주지 말라.
- 다른 사람으로부터 그러한 작업을 넘겨받지 말라.
- 조금이라도 의심이 날 때에는 분명하게 말해 줄 것을 요구하라.
- 자신의 책임이 어디서부터 어디까지인지를 명확히 하라. 또한, 다른 팀원의 책임과는 어떻게 조화되는지를 명확히 하라.
- 자신이 알고 있는 바를 알 필요가 있는 사람들을 새롭게 파악하라.
- 다른 팀원과 불일치하는 쟁점 사항이 있다면 그 당사자에게 직접 말하라.

## 학습평가

1. 갈등 해결의 장애물을 극복하기 위한 팀원의 올바른 자세가 아닌 것은?

　① 행동에 초점을 맞추기

　② 상황을 기술하는 식으로 말하기

　③ 개방적인 자세를 갖추기

　④ 지원받는 입장에서 말하기

☞ 정답 및 해설 p.184

## 학습정리

1. 갈등이란 상호간에 의견 차이 때문에 발생하게 된다. 목표를 달성하기 위해 노력하는 팀이라면 갈등은 항상 일어나게 마련이다. 그러나 이러한 의견 차이는 항상 부정적인 것만은 아니다.

2. 갈등을 확인할 수 있는 단서에는 ① 지나치게 감정적인 논평과 제안, ② 타인의 의견발표가 끝나기도 전에 타인의 의견에 대해 공격, ③ 핵심을 이해하지 못한 것에 대해 서로 비난, ④ 편을 가르고 타협하기를 거부, ⑤ 개인적인 수준에서 미묘한 방식으로 서로를 공격하는 것 등이 있다.

3. 갈등을 증폭시키는 원인에는 ① 적대적 행동, ② 입장 고수, ③ 감정적 관여 등이 있다.

4. 갈등의 두 가지 쟁점은 핵심 문제와 감정적 문제로 구분할 수 있다.

5. 갈등의 두 가지 유형은 불필요한 갈등과 해결할 수 있는 갈등으로 구분할 수 있다.

6. 갈등해결방법 모색 시 명심해야 할 사항으로는 ① 다른 사람들의 입장 이해하기, ② 어려운 문제는 피하지 말고 맞서기, ③ 자신의 의견을 명확하게 밝히고 지속적으로 강화하기, ④ 사람들과 눈을 자주 마주치기, ⑤ 마음을 열어놓고 적극적으로 경청하기, ⑥ 타협하려 애쓰기, ⑦ 어느 한쪽으로 치우치지 않기, ⑧ 논쟁하고 싶은 유혹을 떨쳐내기, ⑨ 존중하는 자세로 사람들을 대하기 등이 있다.

7. 윈-윈(Win-Win) 관리법이란 갈등과 관련된 모든 사람으로부터 의견을 받아서 문제의 본질적인 해결책을 얻는 것을 의미한다.

8. 조직의 갈등을 줄일 수 있는 방법으로는 ① 다른 팀원의 성격 특성에 민감할 것, ② 교차훈련을 실시할 것, ③ 조직의 기본원칙을 설정할 것 등이 있다.

# 학습모듈 F-2-라 : 협상능력

미국의 학자 Cohen이 '세상은 거대한 협상 테이블이며, 우리는 모든 것을 협상할 수 있다'라고 말한 데서 알 수 있듯이, 우리의 생활은 협상의 연속이며, 협상을 통해 의사결정을 하게 된다.

협상은 시·공간을 초월하여 끊임없이 발생하고 있으며, 가정에서, 회사에서, 정부에서 또는 국가에서 어느 시간, 어느 공간에서도 협상은 전개될 수 있다. 특히 상사와 부하 사이에서 끊임없이 의사결정을 해야 하는 직업인에게 협상능력의 함양은 필수적이다.

## 학습목표

**일반목표** 직장생활에서 협상 가능한 목표를 세우고 상황에 맞는 협상전략을 선택하여 다른 사람과 협상하는 능력을 기를 수 있다.

세부목표
1. 협상의 의미를 설명할 수 있다.
2. 협상의 과정을 설명할 수 있다.
3. 직장생활에서 적절한 협상전략을 활용할 수 있다.
4. 직장생활에서 적절하게 상대방을 설득하는 방법을 활용할 수 있다.

## 주요용어

협상    협상과정    협상전략

 1. 우리의 생활은 협상의 연속이며, 협상을 통해서 의사결정을 하게 된다. 예컨대, 일상에서 흔히 일어날 수 있는 경우인 저녁 외식에서 무엇을 먹을 것인가에 관한 자녀와의 의견대립이 있는 상황도 협상을 통해서 해결하게 된다. 직장생활에서 흔히 일어나는 협상이란 무엇인지 알아보자.

## 사 례

### 일상생활에서 흔히 볼 수 있는 협상

〈사례 A〉

남편 : 오늘 저녁은 외식을 할까? 분위기 좋은 레스토랑에 가서 감미로운 음악을 들으면서 스테이크를 먹자고. 어때?

아내 : 근사하긴 하지만 이번 달은 생활비가 부족해요. 스테이크를 먹고 나면 생활비가 더 부족해지니까 그냥 집에서 저녁을 해 먹어요.

남편 : 당신은 언제나 돈 생각만 하는군. 돈을 너무 아끼는 것 아냐? 쓰라고 버는 돈인데, 너무 돈만 아끼니 사는 재미가 없잖아. 나도 가끔은 적당히 재미있는 삶을 누리고 싶어. 궁상은 지겨워.

아내 : 여보, 우리도 언젠가는 멋지게 외식하고 근사한 곳으로 여행다닐 만큼 돈이 모일 거에요. 그러기 위해서는 아낄 때는 아껴야 한다고요. 한 가지 멋진 생각이 났는데, 냉장고에 스테이크가 있어요. 그걸 그릴에다 굽고, 샐러드도 만들고, 식탁엔 촛불을 켜는 거에요. 거기에 적포도주를 한 잔 곁들이면 우리 둘만의 근사한 식사가 될 듯한데, 어때요?

남편 : 음, 그거 좋은 생각이야. 단신과 결혼하길 정말 잘했어. 역시 당신은 센스가 있어. 당신이 스테이크를 녹이는 동안 나는 샤워를 해야겠군.

〈사례 B〉

　K씨와 M사장 사이에 임금 문제로 갈등을 겪고 있었다. K씨는 자신이 바라는 수준의 임금을 쟁취하기 위해서 사장을 설득하기 위해 이성적으로, 때로는 감성적으로 대화를 하였다. 그 결과 사장을 설득하여 좋은 결과를 얻게 되었다.

〈사례 C〉

　L씨와 L씨 자녀는 용돈 문제로 갈등을 겪고 있었다. 즉 L씨 자녀는 용돈을 올려주기를 바라고, L씨는 올려주지 않으려고 하고 있었다. L씨 자녀는 애교, 공부, 능청스러운 말 등 다양한 방법을 동원하여 L씨를 설득하여 호의를 얻어내려고 하였다. 결국 L씨 자녀는 어떻게 하면 그 호의를 쉽게 얻어낼 수 있는가를 알고 있었기 때문에 자신의 용돈을 올릴 수 있었다.

## 활 동

　우리는 살아가면서 수많은 난관에 부딪히고 또 극복해간다. 그리고 우리는 이러한 난관을 만날 때마다 좌절하지 않고, 이를 극복하기 위해 누군가와 논의를 하고, 해결책을 찾기 위해 많은 노력을 기울인다. 여기서 해결책을 찾는 노력, 즉 문제가 제시되면 해결책을 도출함으로써 극복하는 것이 바로 협상이다.
　일반적으로 '협상'이라는 말을 들었을 때, 대부분의 사람들이 자동적으로 떠올리는 그림은 심각한 표정으로 회의실 탁자에 둘러앉아 복잡하게 얽힌 거래상의 이해관계를 따지며 조율하거나, 노사관계자들이 자정으로 예고된 파업을 막기 위해 머리를 맞댄 채 골머리를 앓고 있는 모습일 것이다. 그러나 협상이 이러한 딱딱한 면만 가지고 있는 것일까?

✎ 협상이란 무엇인지 각자의 생각을 적어보도록 하자.

---

세계는 끊임없는 협상을 통해 유지된다. 여러분이 믿건 믿지 않건 이것은 사실이다. 정치든 경제든, 부자든 가난한 서민이든 그 어느 영역에서도 마찬가지이다. 세계를 위협하는 핵 문제를 다루는 일이건, 시장에서 필요한 물건을 구입하는 일이건 협상이 필요하다. 그렇다면 협상이 왜 필요할까?

✎ 협상이 과연 무슨 이유 때문에 필요한 것인지 각자의 생각을 적어보자.

# 내 용

'협상하다(negotiate)'라는 동사는 라틴어 'negtir'에 뿌리를 두고 있다. 여가를 뜻하는 'tir'이라는 어근에 부정의 의미를 지닌 'neg'가 붙어 '여가가 아니다'라는 의미를 담고 있다. 라틴어의 근본적인 의미만으로 따지면 '협상'이라는 단어에서 '즐거움'이라는 요소를 찾기는 사실 어렵다.

하지만 **협상**은 어느 한 면으로 특정 짓기에는 너무도 다양하며, 사업상의 정의에서 한 발자국만 떨어져서 보면 이 세상 어느 곳이나 협상 테이블이며, 모든 사람들이 협상가임을 알 수 있을 것이다.

그렇다면, 협상이란 무엇일까?

협상의 의미는 크게 의사소통 차원, 갈등해결 차원, 지식과 노력 차원, 의사결정 차원, 교섭 차원에서 살펴볼 수 있다.

첫째, 의사소통 차원에서 볼 때, 협상이란 이해당사자들이 자신들의 욕구를 충족시키기 위해 상대방으로부터 최선의 것을 얻어내기 위해 상대방을 설득하는 커뮤니케이션 과정이다. 즉 협상이란 자신이 얻고자 하는 것 때문에 다른 사람들 또는 집단들과 갈등 상태에 있을 때 그들을 설득하여 자신이 원하는 것을 쟁취하기 위한 일련의 커뮤니케이션 과정이라고 할 수 있다. 예컨대 여러분이 사장과 임금문제로 갈등 상태에 있을 때, 커뮤니케이션 과정을 거치게 된다. 때로는 이성적으로 때로는 감성적으로 커뮤니케이션을 하게 된다. 커뮤니케이션이 원활하고 상대방 설득이 원활하게 진행될 때, 임금협상도 원활히 진행되고 좋은 결과를 산출하게 될 것이다. 그러나 서로가 상대방에 대한 분노와 증오로 가득차서 서로가 상대방을 적으로 단정하고 의사소통 과정을 차단하고 단절할 때 임금협상은 더 이상 진전되지 못할 것이다. 그러므로 협상이란 설득을 목적으로 하는 커뮤니케이션인 것이다.

둘째, 갈등해결 차원에서 볼 때, 협상이란 갈등관계에 있는 이해당사자들이 대화를 통해서 갈등을 해결하고자 하는 상호작용 과정이다. 즉 협상이란 개인, 조직 또는 국가가 가지고 있는 갈등의 문제를 해결하기 위해서 갈등관계에 있는 이해당사자들이 대화를 통해서 상반되는 이익은 조정하고 공통되는 이익을 증진시키는 상호작용 과정이라 할 수 있다.

셋째, 지식과 노력 차원에서 볼 때, 협상이란 우리가 얻고자 하는 것을 가진 사람의 호의를 얻어내기 위한 것에 관한 지식이며 노력의 분야이다. 즉 협상이란 승진, 돈, 안전, 자유, 사랑, 지위, 명예, 정의, 애정 등 우리가 얻고자 원하는 것을 어떻게 다른 사람들보다 더 우월한 지위를 점유하면서 얻을 수 있을 것인가 등에 관련된 지식이며 노력의 장이라고 할 수 있다.

넷째, 의사결정 차원에서 볼 때, 협상이란 둘 이상의 이해당사자들이 여러 대안들 가운데서 이해당사자들 모두가 수용 가능한 대안을 찾기 위한 의사결정 과정이라 할 수 있다. 또한 협상이란 공통적인 이익을 추구하나 서로 입장의 충돌 때문에 이해당사자들 모두에게 수용 가능한 이익의 조합을 찾으려는 개인, 조직 또는 국가의 상호작용 과정이라고 볼 수 있다.

다섯째, 참여자들의 공통적인 의사결정을 필요로 하는 교섭 차원에서 볼 때, 협상이란 선호가 서로 다른 협상 당사자들이 합의에 도달하기 위해 공동으로 의사결정하는 과정이라고 할 수 있다. 또한 협상이란 둘 이상의 당사자가 갈등상태에 있는 쟁점에 대해서 합의를 찾기 위한 과정이라고 정의될 수 있다. 즉 협상이란 둘 또는 셋 이상의 사람들이 갈등상태에 있는 어떤 쟁점에 대해서 주고받는 과정을 통해서 합의점을 찾아서 그 쟁점을 해결하기 위한 과정이다.

협상에 관한 이러한 주장들을 종합해보면,

---

협상(negotiation)이란 갈등상태에 있는 이해당사자들이 대화와 논쟁을 통해서 서로를 설득하여 문제를 해결하려는 정보전달과정이자 의사결정과정이다.

---

☞ 보다 심화된 내용은 교수자용 매뉴얼의 교수자료 참고 (p. 192)

## 학습평가

1. 협상의 의미는 크게 의사소통 차원, 갈등해결 차원, 지식과 노력 차원, 의사결정 차원, 교섭 차원에서 살펴볼 수 있다. 다음을 읽고 알맞은 것끼리 연결시켜보자.

의사소통 차원 ・   ・ 갈등관계에 있는 이해당사자들이 대화를 통해서 갈등을 해결하고자 하는 상호작용과정

갈등해결 차원 ・   ・ 이해당사자들이 자신들의 욕구를 충족시키기 위해 상대방으로부터 최선의 것을 얻어내기 위해 상대방을 설득하는 커뮤니케이션 과정

지식과 노력 차원 ・  ・ 둘 이상의 이해당사자들이 여러 대안들 가운데서 이해당사자들 모두가 수용 가능한 대안을 찾기 위한 의사결정과정

의사결정 차원 ・   ・ 선호가 서로 다른 협상 당사자들이 합의에 도달하기 위해 공동으로 의사결정 하는 과정

교섭 차원 ・    ・ 우리가 얻고자 하는 것을 가진 사람의 호의를 쟁취하기 위한 것에 관한 지식이며 노력의 분야

☞ 정답 및 해설 p.185

 2. 협상이 이루어지기 위해서는 협상에 대비하여 준비를 해야 하고, 준비가 되면 실제로 협상을 진행하고, 협상이 종결된 후에는 협상된 내용이 잘 집행되고 있는지를 확인하고 추가적인 조치를 취해야 한다. 협상의 준비에서부터 집행에 이르기까지의 과정을 알아보자.

## 사 례

 **페인트칠 공사**

철수는 아직 학생이어서 자금이 넉넉하지는 못하므로, 50만원 이내에서 페인트칠을 하려고 계획을 세웠다. 철수는 한 번도 페인트칠 공사를 해본 적이 없기 때문에 페인트칠을 하는 업자를 알지 못했다. 우선 친구와 이웃들에게 일을 시킬만한 사람들을 수소문하여 몇몇 업체에 전화를 걸었다. 철수는 두 군데 업체에 전화를 하였으나 모두 300만원이 넘는 금액을 제시하여 그들이 제시하는 견적서대로 지불을 할 수는 없었다.

하지만 기필코 해야만 할 일인지라 적당한 가격에 페인트칠을 해 줄 사람을 수소문하기 시작했다. 운이 따랐는지 철수와 함께 대학을 다니는 한 학생이 페인트칠을 하여 번 돈으로 대학을 다니고 있다는 정보를 알게 되었다. 또한, 철수는 그 학생에 대한 어느 정도의 정보를 가지고 있었다. 우선 그는 공부를 계속하기 위해 돈이 필요하였으며, 또한 부족한 글솜씨 때문에 학업에 지장이 많다는 것도 알고 있었다. 그가 자신의 작문에 대해 불평을 늘어놓은 적이 있었기 때문이다. 게다가 그는 수업시간에 제출해야 하는 보고서 과제물에서 철수가 높은 점수를 받는 걸 보면서 부러움을 표시하곤 했었다. 이런 정보를 염두에 두고 철수는 어느 날 수업을 마친 뒤에 그를 집으로 초대했다. 그는 철수의 집을 면밀히 검토하고 나서 120만원을 불렀다. "보통 이만한 집 규모면 180만원 정도 부르지만 아는 사이라 덜 부른 겁니다." 철수는 그의 배려에 진심으로 감사를 표시했다.

<사례 계속>

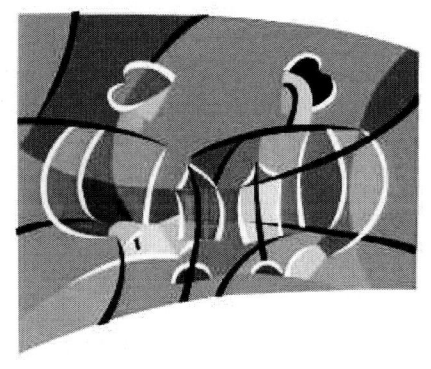

　철수는 그의 견적내용이 다른 어떤 회사들보다 가격 면에서 경쟁력이 있다고 말해 그를 기분좋게 하였다. 그리곤 매우 친근하고, 다정한 말투로 그가 요구한 액수가 정당하다는 것을 인정하면서 한편으로 자신이 그만한 액수를 감당할 처지가 못 된다는 것을 솔직하게 털어놓았다. 철수는 그에게 우리 모두가 만족하면서도 가격을 낮출 수 있는 창조적인 방법으로 찾아보자고 말했다.

　그러나 협상은 이제 시작이었다. 철수는 50만원만 쓸 예정이었으므로 그에게 여전히 전체 비용을 줄여야 할 필요가 있다고 말해야만 했다. 그러나 무조건 50만원으로 가격을 깎는다면 분명 그는 페인트칠을 하지 않거나, 한다고 해도 자신의 손해를 감수해야 할 것이다. 그러자면 둘의 관계는 좋지 않게 발전할 것이 틀림없었다. 따라서 철수는 그에게 정중하게 말했다. "나와 거래 한 번 하지 않을래요? 우리 집 페인트칠을 해주는 대가로 당신의 법률 문장론 과목을 개인교습해주고 싶은데, 그러면 당신의 문장력이 많이 향상될 거 같아요. 어때요?" 이로써 철수는 자신이 필요로 하는 것을 정확히 충족시켰다. 언뜻 비현실적인 것으로 보이던 50만원으로 집 전체를 말끔히 페인트칠을 할 수 있었던 것이다.

## 활 동

협상과정은 관점에 따라 다양한 형태로 언급될 수 있다. 어떤 연구자는 5단계로 협상과정을 설명하기도 하며, 어떤 연구자는 3단계로 협상과정을 설명하기도 한다.

✎ 앞 페이지에서 제시된 사례를 읽고 협상이 어떠한 과정에 따라 진행되었는지 각자의 생각을 적어보도록 하자.

| 협 상 과 정 | 내 용 |
|---|---|
| 단계 1: | ・<br>・ |
| ↓ | |
| 단계 2: | ・ |
| ↓ | |
| 단계 3: | ・ |
| ↓ | |
| 단계 4: | ・ |
| ↓ | |
| 단계 5: | ・<br>・ |

## 내 용

**협상과정**은 연구관점에 따라 다양한 형태로 언급될 수 있다. 협상과정은 기본적으로 준비단계, 협상단계, 합의후 평가단계의 순서로 협상이 진행된다고 할 수 있다.

또한, 협상과정은 아래 그림과 같이 협상시작, 상호이해, 실질이해, 해결방안, 합의문서 등의 5단계로 구분할 수 있다.

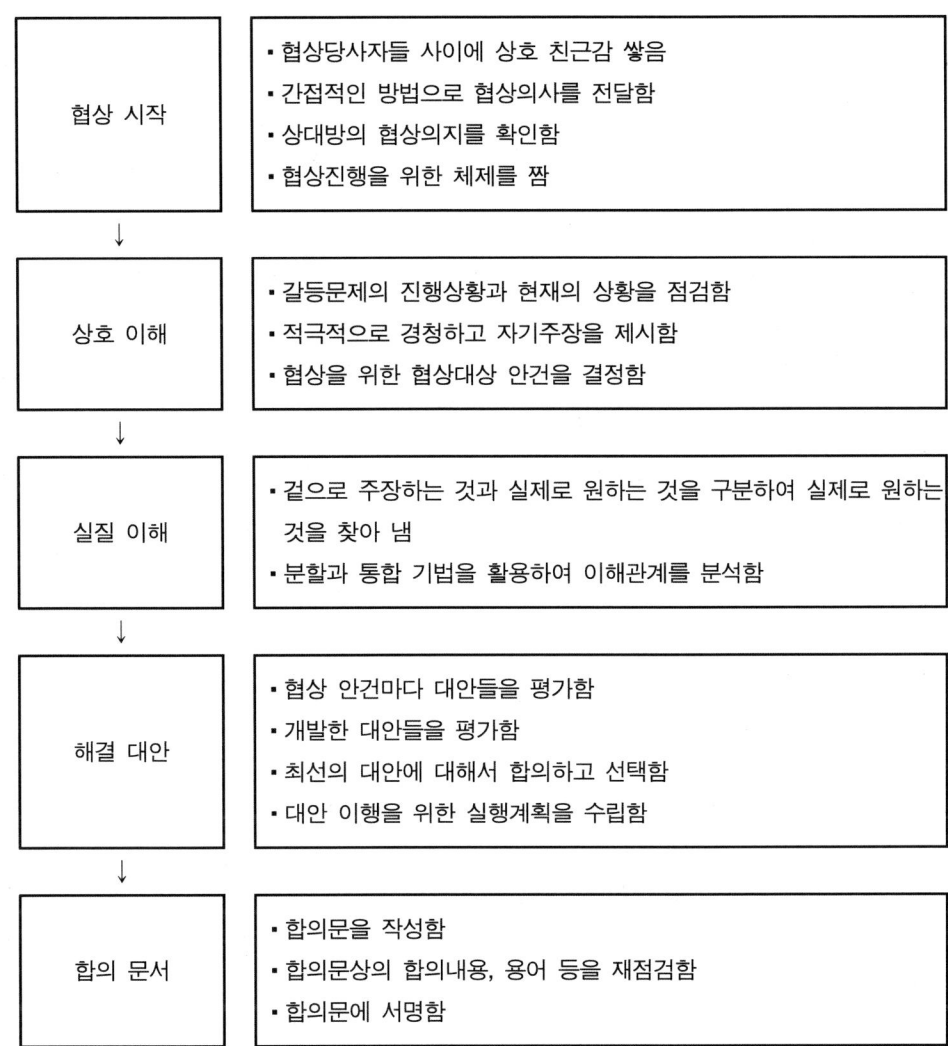

한편, 협상과정은 협상진행단계를 중심으로 협상 전단계, 협상진행단계, 협상 후단계의 3단계로 구분할 수도 있다.

협상 전단계는 협상을 진행하기 위한 준비단계이고, 협상진행단계는 협상이 실제로 진행되는 단계이며, 협상 후단계는 합의된 내용을 집행하는 단계이다. 이러한 협상과정은 아래와 같은 단계와 내용으로 설명할 수 있다.

| 협상 전단계 | ・협상기획: 협상과정(준비, 집행, 평가 등)을 계획<br>・협상준비: 목표설정, 협상환경분석, 협상형태파악, 협상팀 선택과 정보수집, 자기분석, 상대방분석, 협상전략과 전술수립, 협상대표 훈련 |
|---|---|
| ↓ | |
| 협상진행단계 | ・협상진행: 상호인사, 정보교환, 설득, 양보 등 협상전략과 전술구사<br>・협상종결: 합의 및 합의문 작성과 교환 |
| ↓ | |
| 협상 후단계 | ・협의내용 비준: 비준<br>・협의내용 집행: 실행<br>・분석평가: 평가와 피드백 |

협상 전문가는 협상을 시작할 때부터 끝날 때까지 협상의 한계와 목적을 잃지 않으며, 시종 협상의 종결에 대해서 초점을 맞춘다. 흔히 협상의 실패는 협상을 진행하는 동안 저지르게 되는 실수로 인해 발생한다. 그런데 협상 전문가라면 그러한 실수에 대하여 어떻게 대처할까?

협상에서 주로 나타나는 7가지 실수와 그에 대한 효과적인 대처방안을 살펴보자.

| 협상의 실수 | 대처방안 |
|---|---|
| 1. 준비되기도 전에 협상을 시작하는 것 | 상대방이 먼저 협상을 요구하거나 재촉하면 아직 준비가 덜 되었다고 솔직히 말한다. 그리고 그런 때를 상대방의 입장을 묻는 기회로 삼는다. 협상준비가 되지 않았을 때는 듣기만 한다. |
| 2. 잘못된 사람과의 협상 | 협상 상대가 협상에 대하여 책임을 질 수 있고 타결권한을 가지고 있는 사람인지 확인하고 협상을 시작한다. 상급자는 협상의 올바른 상대가 아니다. 최고책임자는 협상의 세부사항을 잘 모르기 때문이다. |
| 3. 특정 입장만 고집하는 것 (입장협상) | 협상에서 한계를 설정하고 그 다음 단계를 대안으로 제시한다. 상대방이 특정 입장만 내세우는 입장협상을 할 경우에는 조용히 그들의 준비를 도와주고 서로 의견을 교환하면서 상대의 마음을 열게 한다. |
| 4. 협상의 통제권을 잃을까 두려워하는 것 | 협상은 통제권을 확보하는 것이 아니라 함께 의견 차이를 조정하면서 최선의 해결책을 찾는 것이다. 통제권을 잃을까 염려되면 그 사람과의 협상 자체를 고려해본다. 자신의 한계를 설정하고 그것을 고수하여 그런 염려를 하지 않게 된다 |

| 5. 설정한 목표와 한계에서 벗어나는 것 | 한계와 목표를 잃지 않도록 그것을 기록하고, 기록된 노트를 협상의 길잡이로 삼는다. 그러나 더 많은 것을 얻기 위해 한계와 목표를 바꾸기도 한다. |
|---|---|
| 6. 상대방에 대해서 너무 많은 염려를 하는 것 | 상대방이 원하는 것을 얻을까 너무 염려하지 말고, 협상을 타결 짓기 전에 자신과 상대방이 각기 만족할만한 결과를 얻었는지, 협상 결과가 현실적으로 효력이 있었는지, 모두 만족할만한 상황이 되었는지 확인한다. |
| 7. 협상 타결에 초점을 맞추지 못하는 것 | 협상의 모든 단계에서 협상의 종결에 초점을 맞추고, 항상 종결을 염두에 둔다. 특정한 목적을 위해 협상을 하고 있기 때문에 목표가 가까이 왔을 때 쟁취하게 되는 것이다. |

## 학습평가

1. 협상과정을 협상 시작, 상호 이해, 실질 이해, 해결 대안, 합의 문서의 5단계로 구분한다고 할 때, 각 단계에서 해야 할 일을 연결시켜 보자.

협상 시작 ·     · 겉으로 주장하는 것과 실제로 원하는 것을 구분하여 실제로 원하는 것을 찾아냄

상호 이해 ·     · 합의문을 작성하고 서명함

실질 이해 ·     · 협상당사자들 사이에 상호 친근감을 쌓고, 협상진행을 위한 체제를 짬

해결 대안 ·     · 갈등문제의 진행상황과 현재의 상황을 점검함

합의 문서 ·     · 협상 안건마다 대안들을 개발함

☞ 정답 및 해설 p.185

 3. 협상에 사용될 협상전략의 형태는 다양하다. 협상 당사자는 자신의 목적과 상대방의 목적, 그리고 상황적 요인에 따라 다양하게 협상전략을 구사할 수 있다. 직장생활 중 상황에 따라 적절하게 활용할 수 있는 협상전략에는 어떠한 것들이 있는지 알아보자.

### 다양한 협상전략

〈사례 A〉

철수는 자신의 집에 페인트 칠을 하려고 하였으나, 여유 돈이 부족하였다. 그리하여 여러 사람을 수소문해본 결과 자신의 학교에 페인트칠을 하여 학비를 대고 있는 동료를 발견하였다. 그의 정보를 알아본 결과 그는 작문에 자신이 없어 항상 고민하는 것으로 나타났다. 따라서 철수는 그에게 페인트칠을 싸게 해주는 대가로 작문 개인교습을 해 주는 것을 제안하였다. 그는 만족해하며 철수의 제안을 받아들였다. 결국 철수는 훨씬 저렴한 가격으로 자신의 집에 페인트칠을 할 수 있었다.

〈사례 B〉

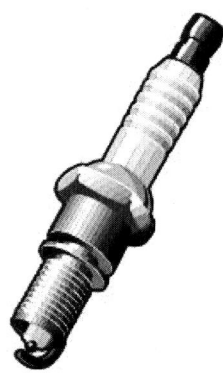

중소기업 K사의 대리인 철수는 기업 L에서 부품을 구매하는 역할을 담당하고 있다. K사는 절대적으로 중요한 부품인 스위치를 개당 3,000원에 L사로부터 항상 구입해왔다. 그런데 L사는 어느 날 스위치의 가격을 개당 3,500원으로 올리겠다는 의사를 보였다. 이에 철수는 곰곰이 생각해본 후, L사의 제안을 기꺼이 받아들였다. 철수는 단기적으로는 자신의 회사가 약간 손해를 보더라도, 장기적으로 L사와의 관계를 생각해볼 때 L사의 제안을 받아들이는 것이 훨씬 이익이 된다고 생각하였다.

〈사례 C〉

　대기업 영업부장인 L씨는 신제품 출시 가격에 대해서 도매업체 T와 가격협상을 하고 있었다. 그런데 도매업체 T는 새로 출시된 신제품에 별반 관심을 보이지 않았고, 적극적이지 않았다. 또한, L씨는 시간과 노력을 투자하여 T와 협상할 가치도 낮다고 느끼는 중이었다. 따라서 L씨는 과감하게 협상을 포기하였다.

〈사례 D〉

　대기업 영업부장인 L씨는 기존의 재고를 처리할 목적으로 업체 T와 협상 중이다. 그러나 T는 자금부족을 이유로 이를 거절하였다. 그러나 L씨는 자신의 회사에서 물품을 제공하지 않으면 업체 T는 매우 곤란한 지경에 빠진다는 사실을 알고 있었기에, 앞으로 T와 거래하지 않을 것이라는 엄포를 놓았다. 이에 따라 L씨는 성공적으로 협상을 이끌어낼 수 있었다.

## 활 동

협상에 사용되는 전략은 크게 협력전략, 유화전략, 회피전략, 강압전략 등으로 구분할 수 있다. 앞 페이지에 제시된 사례 A는 협력전략, 사례 B는 유화전략, 사례 C는 회피전략, 사례 D는 강압전략으로 볼 수 있다.

그렇다면 각각의 전략은 어떠할 때 활용하면 유용할지 각자의 생각을 적어보도록 하자.

| 전략 | 유용한 경우 |
|---|---|
| 협력전략 | <ul><li></li><li></li><li></li><li></li><li></li></ul> |
| 유화전략 | <ul><li></li><li></li><li></li><li></li><li></li></ul> |
| 회피전략 | <ul><li></li><li></li><li></li><li></li><li></li></ul> |
| 강압전략 | <ul><li></li><li></li><li></li><li></li><li></li></ul> |

## 내 용

협상에 사용될 협상전략의 형태는 다양하다. 협상 당사자는 자신의 목적과 상대방의 목적 그리고 상황적 요인에 따라서 다양하게 협상전략을 구사할 수 있다.

대체로 **협상전략**의 형태로는 문제해결전략, 양보전략, 무행동전략, 경쟁전략 등으로 구분할 수 있다. 이 중 문제해결전략은 협력전략에, 양보전략은 유화전략에, 무행동전략은 회피전략에, 경쟁전략은 강압전략에 해당한다.

### ① **협력전략**

협력전략(cooperative strategy)은 협상 참여자들이 협동과 통합으로 문제를 해결하고자 하는 협력적 문제해결전략이다. 문제를 해결하는 합의에 이르기 위해서 협상 당사자들이 서로 협력하는 것이다.

협력적 문제해결은 "Win-Win"전략의 정신을 가지고 있다. 즉 나도 잘되고, 상대방도 잘되어, 우리 모두가 잘되는 전략인 "I Win, You Win, We Win"전략이다. 따라서 협상 당사자들은 자신들의 목적이나 우선순위에 대한 정보를 서로 교환하여 이를 통합하여 문제를 해결하고자 노력한다. 자신이 가지고 있는 것 가운데서 우선순위가 낮은 것에 대해서는 상대방에게 양보하는 협력적 과정을 통해서 문제해결을 위한 합의에 이르게 된다. 협력전략이 성공을 거두기 위해서는 협상 참여자들은 신뢰에 기반을 둔 협력을 진행해야 한다. 이를 신뢰적 협력전략이라고도 할 수 있다.

협력전략의 협상전술에는 협동적 원인탐색, 정보수집과 제공, 쟁점의 구체화, 대안 개발, 개발된 대안들에 대한 공동평가, 협동하여 최종안 선택 등이 있다.

### ② **유화전략**

유화전략(smoothing strategy)은 양보전략이며, 순응전략이며, 화해전략이며, 수용전략이며, 굴복전략이다. 상대방이 제시하는 것을 일방적으로 수용하여 협상의 가능성을 높이려는 전략이다. 상대방의 욕구와 주장에 자신의 욕구와 주장을 조정하고 순응시켜 굴복한다. 유화전략은 "Lose-Win"전략이다. 즉, 당신의 승리를 위해서 나는 손해를 보아도 괜찮다는 전략인 "I Lose, You Win"전략이다.

유화전략은 협상으로 인해 돌아올 결과보다는 상대방과의 인간관계 유지를 선호하여 상대방과 충돌을 피하고자 할 때 사용할 수 있다. 상대방과의 우호관계를 중시하며 그 우호관계를 지속하기 위해서 자신의 입장이나 이익보다는 상대방의 이익과 입장을 고려하여 상대방에게 돌아갈 결과에 더 큰 관심을 가지고 상대방의 주장에 순순히 따르는 전략이다.

유화전략에 사용될 수 있는 전술에는 유화, 양보, 순응, 수용, 굴복, 요구사항의 철회 등이 있다.

### ③ 회피전략

회피전략(avoiding strategy)은 무행동전략이며, 협상 철수전략이다. 즉, 협상을 피하거나 잠정적으로 중단하거나 철수하는 전략이다. 회피전략은 "Lose-Lose"전략이다. 즉 나도 손해보고 상대방도 피해를 입게 되어 모두가 손해를 보게 되는 전략인 "I Lose, You Lose, We Lose"전략이다.

회피전략은 상대방에게 돌아갈 결과나 자신에게 돌아올 결과에 대해서 전혀 관심을 가지지 않을 때 사용할 수 있고, 자신이 얻게 되는 결과나 인간관계 모두에 대해서 관심이 없을 때 상대방과의 협상을 거절할 수 있다. 시간과 노력을 투자할 필요가 없을 정도로 협상의 가치가 낮거나 협상을 중단하고자 하여 상대방을 심리적 압박감을 주어 필요한 양보를 얻어내고자 할 때, 또는 협상 이외의 방법으로 쟁점해결을 위한 대안이 존재할 경우에 회피전략을 사용할 수 있다. 또한 회피전략은 협상을 계속 진행하는 것이 자신에게 불리하게 될 가능성이 있을 때나 협상 상황이 자신에게 불리하게 전개되고 있을 때, 협상국면을 전환시키고자 할 때 사용할 수 있다.

회피전략의 전술에는 협상을 회피, 무시, 상대방의 도전에 대한 무반응, 협상안건을 타인에게 넘겨주기, 협상으로부터 철수 등이 있다.

### ④ 강압전략

강압전략(forcing strategy)은 공격적 전략이며 경쟁전략이다. 자신이 상대방보다 힘에 있어서 우위를 점유하고 있을 때 자신의 이익을 극대화하기 위한 공격적 전략이다. 상대방의 주장을 무시하고 자신의 힘으로 일방적으로 밀어붙여 상대방에게 자신의 입장을 강요하는 전략이다. 강압전략은 "Win-Lose"전략이다. 즉 내가 승리하기 위해서 당신은 희생되어야 한다는 전략인 "I Win, You Lose"전략이다. 이로 인해 제로섬(zero-sum)의 결과가 산출될 수 있다.

명시적 또는 묵시적으로 강압적 위협이나 강압적 설득, 처벌 등의 무력시위 또는 카드 등을 사용하여 상대방을 굴복시키거나 순응시킨다. 자신의 주장을 확실하게 상대방에게 제시하고, 상대방에게 이를 수용하지 않으면 보복이 있을 것이며 협상이 결렬될 것이라는 등의 위협을 가하는 경우가 발생할 수 있다. 따라서 강압전략은 일방적인 의사소통으로 일방적인 양보를 받아낸다. 인간관계를 중요하게 여기지 않고 어떠한 수단 방법을 동원해서라도 자신의 입장과 이익극대화를 관철시키는 것에만 관심이 있다. 협력전략과 반대로 강압전략은 합의도출이 어렵다. 상대방에 비해 자신의 힘이 강하고, 상대방과의 인간관계가 나쁘고, 상대방에 대한 신뢰가 전혀 없을 때, 자신의 실질적 결과를 극대화하고자 할 때 강압전략이 사용될 수 있다.

강압전략이 사용될 수 있는 협상전술로는 위압적인 입장 천명, 협박과 위협, 협박적 설득, 확고한 입장에 대한 논쟁, 협박적 회유와 설득, 상대방 입장에 대한 강압적 설명 요청 등이 있다.

## 학습평가

1. 협상전략은 크게 협력전략, 유화전략, 회피전략, 강압전략으로 구분할 수 있다. 각각의 전략과 특징을 올바르게 연결시켜 보자.

    협력전략 ·   · "Lose-Lose"전략, "I Lose, You Lose, We Lose"전략

    유화전략 ·   · "Win-Win"전략, "I Win, You Win, We Win"전략

    회피전략 ·   · "Win-Lose"전략, "I Win, You Lose"전략

    강압전략 ·   · "Lose-Win"전략, "I Lose, You Win"전략

☞ 정답 및 해설 p.185

 1. 협상에서 상대방을 설득하여 문제를 해결하는 일은 매우 중요하다. 설득이란 상대방을 자신이 의도하는 방향으로 움직이게 하는 것이다. 상대방을 설득하여 자신이 의도하는 방향으로 움직이게 하기 위해서는 어떠한 방법들이 있는지 알아보자.

## 사 례

### 상대방을 설득하는 법

〈사례 A〉

불경기가 지속될수록 중소기업 경영의 어려움은 더 가중된다. 회사 자금이 부족하고, 당장 큰 수익이 나는 것도 아니고 시장수요도 불투명하다. 그렇게 되면 아무리 큰 비전을 가진 사람이라도 다소 의기소침해질 수밖에 없다. 그럴 때는 내가 그 사장님에게 걸고 있는 기대가 얼마나 큰 지 힘을 주어 말하곤 한다. "사장님이 하지 않으면 누가 하겠어요? 이 일은 사장님 밖에 할 분이 없습니다." 그러면 신기하게도 상대방의 눈빛이 바뀐다. 방금 전까지 기가 푹 죽어 있던 사람이 "그래, 내가 하지 않으면 누가 하겠어?"라고 하기도 하고, "우리나라를 불황에서 건질 사람은 바로 나야."라고 외치기도 한다.

〈사례 B〉

"제안서 준비하느라고 애를 많이 쓴 것 같네요." "네, 이 제안은 A씨께서 전에 말씀하신 ○○라는 의견에 토대를 두고 작성한 것입니다." 이렇게 설득하면 상대방은 고개를 끄덕이지 않을 수 없다. 애초에 자기가 한 말이 아닌가? 사람은 상대방이 자기 의견을 참고로 하거나 인용해주면 '나를 인정해주었다'

〈사례 계속〉

는 생각에 기분이 좋아지게 마련이다. 일단 상대방이 관심을 보이면 바로 분위기를 띄우고, 협상의 분위기가 제일 좋을 때에 기회를 놓치지 말고 키워드를 꺼내도록 하라. 그만큼 협상의 설득력을 높일 수 있다.

〈사례 C〉

H회사(주)는 노사분규로 심한 노사갈등을 겪고 있었다. 이에 사장은 회사의 재무상태와 수익 비용구조 등의 기업 운영현황을 전부 공개하고 설명함으로써 노사가 모두 기업의 실제 사정을 스스로 보고 판단할 수 있게 하여 이해시켰다. 종업원들이 회사의 어려운 현황을 정확히 이해하고 사장의 설명에 공감하게 되면서 노사 간에 신뢰가 형성되어 노사갈등이 원만하게 해결되었다(임희선, 2004).

## 활 동

성공적인 협상을 위해서는 상대방을 설득시키는 일은 필수적이다. 상대방을 설득시키는 방법은 상황이나 상대방이 누구냐에 따라 매우 달라진다. 위의 사례(A~C)에서 상대방을 어떻게 설득할 수 있었는지에 대하여 기술해보자.

# 내 용

협상에 있어 상대방을 설득시키는 일은 필수적이다. 상대방을 설득시키는 방법은 상대방에 따라, 상황에 따라 매우 다양하다. 설득은 이성적인 요인도 있지만 감정적인 요인도 작용하기 때문이다.

### ① See-Feel-Change 전략

설득전략으로 'See(보고)-Feel(느끼고)-Change(변화한다)' 전략을 사용할 수 있다. 즉, 설득전략을 사용하여 갈등관리를 순조롭게 하고, 설득전략을 통해서 협상의 목적을 성공적으로 달성할 수 있다. 협상전략 관점에서 볼 때, 'See'전략은 시각화하고 직접 보게 하여 이해시키는 전략이며, 'Feel'전략은 스스로가 느끼게 하여 감동시키는 전략이며, 'Change'전략은 변화시켜 설득에 성공한다는 전략이다.

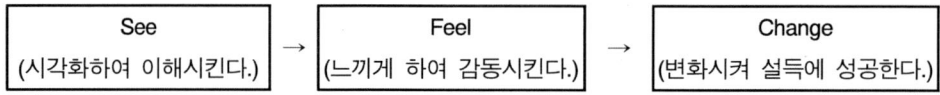

### ② 상대방 이해 전략

협상 상대방을 설득하기 위해서는 설득에 장애가 되는 요인들을 척결해야 한다. 협상전략에 있어서 상대방 이해란 협상과정상의 갈등해결을 위해서 상대방에 대한 이해가 선행되어 있으면 갈등해결이 용이하다는 것이다.

예컨대 상사가 부하를 설득하기 위해서는 부하에 대한 이해가 선행되어야 한다. 경영자가 근로자들을 설득하기 위해서는 근로자들에 대한 이해가 선행되어야 하며, 부서간의 갈등에 있어서도 상대방 부서를 설득하기 위해서는 상대방 부서에 대한 이해가 선행되어야 한다.

### ③ 호혜관계 형성 전략

호혜관계란 협상 당사자 간에 어떤 혜택들을 주고받은 관계가 형성되어 있으면 그 협상과정상의 갈등해결에 용이하다는 것이다.

예컨대 부처 간에 도움을 받으면 도움을 주어야 한다는 것이다. 이는 빚은 갚아야 한다거나 약속은 지켜야 한다는 것과 같은 사회적 의무에 관한 교육과 학습의 영향이다.

상사와 부하간의 호의에 있어서, 이 호의에는 부하가 원했던 원치 안했던 관계없이 모든 호의가 이에 해당된다. 따라서 부하를 일단 빚진 상태로 만들면 된다. 즉 부하를 먼저 무언가를 도와주면 된다. 시민과의 관계에서도 마찬가지다. 정부는 시민에게 먼저 어떤 호혜를 베풀면 된다. 그렇게 되면 부하와 상사간 또는 시민과 정부간에 호혜관계에 놓이게 된다.

평소에 이렇게 호혜관계를 잘 형성해 놓으면 차후에 어떤 정책을 추진할 때 다른 사람으로부터 협조를 잘 받아낼 수 있다.

### ④ 헌신과 일관성 전략

헌신과 일관성이란 협상 당사자간에 기대하는 바에 일관성 있게 헌신적으로 부응하여 행동하게 되면 협상과정상의 갈등해결이 용이하다는 것이다. 헌신과 일관성이란 상대방의 기대에 헌신적이고 일관성 있게 부응하여 행동하는 것이다. 이는 일종의 습관 같은 것으로 반복하다가 보면 존재하지 않는 것도 존재하는 것처럼 착각해서 생기게 된다.

상사가 부하들에게 대하는 행동도 마찬가지로 적용된다. 사소한 습관에서부터 큰 것으로 지속적으로 진행해야 한다. 도중에 나쁜 습관을 이것저것 허락하게 되면 헌신과 일관성의 법칙이 깨어지기 때문에 부하들은 자신들도 모르는 사이에 나쁜 버릇을 가지게 된다.

### ⑤ 사회적 입증 전략

사회적 입증이란 어떤 과학적인 논리보다도 동료나 사람들의 행동에 의해서 상대방 설득을 진행하는 것이 협상과정상의 갈등해결이 더 쉽다는 것이다.

사회적 입증이란 사람은 과학적 이론보다 자신의 동료나 이웃의 말이나 행동에 의해서 쉽게 설득된다는 것과 관련된 기술이다. 광고에서 말하는 소위 '입소문'을 통해서 설득하는 것이 광고를 내보내서 설득하는 것보다 더 효과가 있다는 것이다.

### ⑥ 연결 전략

연결이란 협상과정상의 갈등상태가 발생했을 때 그 갈등 문제와 갈등관리자를 연결하는 것이 아니라 그 갈등을 야기한 사람과 관리자를 연결하면 갈등해결이 용이해 진다는 것이다.

연결이란 제품(예컨대 정부정책)과 자신을 연결하는 것이 아니라 그 제품을 판매(예컨대 집행)하는 사람과 자신을 연결한다는 것이다. 따라서 어떤 정책을 집행할 때 그 정책에 이해관계를 가진 집단들에게 우호적인 사람으로 하여금 집행하게 되면 그 정책으로 인해 발생하는 갈등을 용이하게 해결할 수 있다는 것이다. 따라서 연결기술을 효과적으로 사용하기 위해서는 우호적이거나 좋은 이미지, 협력적인 행정이나 정책들을 사용하여 다른 사람을 설득시키는 것이 용이하다.

### ⑦ 권위 전략

권위란 직위나 전문성, 외모 등을 이용하면 협상과정상의 갈등해결에 도움이 될 수 있다는 것이다. 설득기술에 있어서 권위란 직위, 전문성, 외모 등에 의한 기술이다. 사람들은 자신보다 더 높은 직위, 더 많은 지식을 가지고 있다고 느끼는 사람으로부터 설득 당하기가 쉽다. 계장의 말씀보다 국장의 말씀에 더 권위가 있고 설득력이 높다. 비전문가보다 전문가의 말에 더 동조하게 된다. 전문성이 있는 사람이 그렇지 않은 사람보다 더 권위가 설득력이 있다.

### ⑧ 희소성 해결 전략

희소성이란 인적, 물적 자원 등의 희소성을 해결하는 것이 협상과정상의 갈등해결에 용이하다는 것이다. 그러나 이 희소성의 문제는 그 희소한 것을 강력히 소유하고자 하는 사람 또는 집단들의 소유욕이 있을 때에 한해서 통용된다. 즉 아무리 자원이 희소하더라도 그것을 소유하고자 하는 사람이 없으면 그 희소성으로 인해서 갈등이 야기되지 않는다는 것이다. 사람들은 시간적으로 희소하고 사회경제적으로 희소한 것 등에 대해서 더 강력히 소유하고자 하는 큰 욕구를 가지고 있을 때 목숨을 걸 정도로 설득을 잘 당한다는 것이다.

### ⑨ 반항심 극복 전략

반항심이란 협상과정상의 갈등관리를 위해서 자신의 행동을 통제하려는 상대방에게 반항한다는 것에 관련된 것이다. 로미오와 줄리엣 효과는 희소성과 반항심리를 잘 묘사하고 있다. 부모들의 '하지마라'라는 반대가 연인들로 하여금 반항심리를 불러 일으켜 더 깊은 사랑을 하게 만든다. 부모들의 반대가 심화되면 될수록 로미오와 줄리엣에게 희소성이 더욱 강화되고 반항심을 더욱 자극하여 더 깊은 사랑에 빠지게 만들고 결국엔 자살로 이어진다는 것이다.

부하나 시민들을 설득하는데도 마찬가지이다. 억압하면 할수록 더욱 반항하게 될 가능성은 높아진다. 부하나 시민들을 비난하거나 부정하는 말이나 행동으로 설득시키려 하면 부하나 시민들로 하여금 반항심리를 유발시켜 설득에 실패하게 될 확률이 높다.

## 학습평가

1. 상대방을 설득시키기 위해 활용할 수 있는 전략으로는 여러 가지가 있다. 다음에 제시된 설득전략에 대해서 간단하게 적어보고, 구체적인 예를 한 가지씩 적어보도록 하자.

| 설득전략 | 의미 | 사례 |
|---|---|---|
| See-Feel-Change 전략 | | |
| 상대방 이해 전략 | | |
| 호혜관계 형성 전략 | | |
| 헌신과 일관성 전략 | | |
| 사회적 입증 전략 | | |
| 연결 전략 | | |
| 권위 전략 | | |
| 희소성 해결 전략 | | |
| 반항심 극복 전략 | | |

☞ 정답 및 해설 p.186

F-2-라. A-1 상대방 설득 방법

## 학습정리

1. 협상이란 갈등상태에 있는 이해당사자들이 대화와 논쟁을 통해서 서로를 설득하여 문제를 해결하려는 정보전달과정이자 의사결정과정이다.

2. 협상과정은 관점에 따라 다양한 형태로 언급되어질 수 있다. 협상과정을 5단계로 구분하면 ① 협상시작, ② 상호이해, ③ 실질이해, ④ 해결방안, ⑤ 합의문서 등으로 구분할 수 있다. 또한, 협상과정을 협상진행단계를 중심으로 구분하면 ① 협상전단계, ② 협상진행단계, ③ 협상후단계 등으로 구분할 수 있다.

3. 협상에 활용되는 전략은 다양하다. 대체로 협상전략은 ① 협력전략, ② 유화전략, ③ 회피전략, ④ 강압전략 등으로 구분할 수 있다. 협력전략은 "Win-Win"전략, 유화전략은 "Lose-Win"전략, 회피전략은 "Lose-Lose"전략, 강압전략은 "Win-Lose"전략으로 요약할 수 있다.

4. 협상에 있어 상대방을 설득시키는 일은 필수적이다. 상대방을 설득시키기 위해 활용할 수 있는 전략으로는 ① See-Feel-Change 전략, ② 상대방 이해 전략, ③ 호혜관계 형성 전략, ④ 헌신과 일관성 전략, ⑤ 사회적 입증 전략, ⑥ 연결 전략, ⑦ 권위 전략, ⑧ 희소성 해결 전략, ⑨ 반항심 극복 전략 등이 있다.

# 학습모듈 F-2-마 : 고객서비스능력

요즘 고객들은 기업에 대한 만족의 조건으로 서비스를 매우 중요하게 생각한다. 그러므로 고객서비스는 기업의 생존을 위해 필수적이라고 할 수 있다. 고객서비스란 다양한 고객의 요구를 파악하고, 대응법을 마련하여 고객에게 양질의 서비스를 제공하는 것을 의미한다.

## 학습목표

**일반목표** 직장생활에서 고객서비스에 대한 이해를 바탕으로 실제 현장에서 다양한 고객에 대처할 수 있으며, 고객만족을 이끌어낼 수 있는 능력을 기를 수 있다.

세부목표
1. 고객서비스의 의미를 설명할 수 있다.
2. 고객의 불만 표현 유형을 알고 대응방안을 마련할 수 있다.
3. 직장생활에서 불만처리 프로세스에 따라 고객의 불만을 처리할 수 있다.
4. 직장생활에서 고객만족 조사를 활용할 수 있다.

## 주요용어

고객서비스    고객불만유형    고객만족

 1. 서비스는 인간관계의 기본이요, 기업경영의 핵심요소이다. 요즘 고객들이 생각하는 기업에 대한 만족의 조건으로 서비스를 매우 중요하게 생각한다. 다음의 사례를 통해 고객서비스의 의미가 무엇인지 생각해보자.

## 사 례

###  노드스트롬의 고객 서비스

1901년 미국 시애틀의 구두 상점으로 시작한 노드스트롬은 출발부터 고객에 대한 사랑이 남달랐다. 매장에는 고객이 신발을 신고 벗기 편하도록 일반 의자와는 달리 약간 높게 제작한 가죽 소파와 의자를 배치했다. 이처럼 남들은 생각하지 못한 세심한 부분까지 고객에 대한 배려를 아끼지 않았다. 그 후 구두 가게는 노드스트롬이라는 백화점으로 성장해 나갔다.

노드스트롬은 '머리가 아닌 서비스'로 조직을 경영하고 철저한 고객 서비스 정신으로 오늘날 세계적인 백화점을 일구어 냈다. 노드스트롬은 고객들 앞에서 '무릎을 꿇는 법'을 가르치기 위해 손자들을 모두 백화점의 신발 매장에서 일하게 했다. 이것이 오늘날 노드스트롬의 고객 서비스 정신의 밑거름이 되었다.

노드스트롬이 100년 동안 고객의 사랑과 신뢰를 받는 세계적인 백화점으로 성장할 수 있었던 원동력은 바로 아래에 명시된 「노드스트롬의 규칙」에서 확인할 수 있다.

우리들이 가장 중요한 목표로 하고 있는 것은
"최고의 고객 서비스를 제공한다"는 것입니다.
자, 당신도 당신 자신과 직장에서의 목표를 높게 가지십시오.
당신이 그것을 달성할 능력을 갖고 있다고 우리들은 확신합니다.

<u>노드스트롬의 규칙</u>

제1조. 어떤 상황에서도 자신이 판단하여 고객에게 좋다고 생각되는 것을 실행할 것.
그 이외의 규칙은 없습니다.

<사례 계속>

　인간에 대한 배려와 조직 구성원을 중요하게 대우하는 관행은 그들에게 자율적인 업무 환경을 제공하는 형태로 나타났다. 노드스트롬은 모든 직원에게 자율성과 권한을 부여하여 직원이 자신의 권한으로 상황에 맞게 일을 처리한다. 고객을 위해 기다리게 하지 않고 고객을 배려하는 정신이다. 노드스트롬의 직원에 대한 강한 믿음과 후원은 직원 만족을 가져다주고, 이는 궁극적으로 고객만족으로 이어지는 것이다. 그리하여 노드스트롬 백화점은 대형 할인점의 가격파괴로 경쟁력을 잃어 갈 수 있는 어려운 상황에서도 고객 서비스로 경쟁 우위를 확보할 수 있었다.

　미국 백화점 업계의 살아 있는 고객서비스의 신화로 불리는 노드스트롬은 어렵고 힘든 상황이라도 고객에게 절대로 'No'라고 얘기하지 않는 것으로 유명하다.

　어느 날 누더기를 걸친 한 여인이 백화점 안으로 들어갔다. 경비원에게 쫓겨나지 않을까 불안해 보였던 이 여인은 누가 봐도 비바람이나 피하기 위해 백화점에 들어간 노숙자였다. 이 여인은 에스컬레이터를 타고 2층으로 올라가 매우 호화로운 특별 매장으로 갔다. 판매원은 상냥한 목소리로 '무엇을 도와드릴까요'라고 물었다. 여인은 판매원에게 축제에 입고 갈 드레스를 사고 싶다고 말했고, 판매원은 우아한 드레스를 찾아주었다. 누더기 차림의 여인은 판매원에게 잠시 옷을 보관해달라고 부탁하고 백화점을 떠났다. 이 과정을 유심히 지켜봤던 사람이 판매원에게 물었다. "실례합니다만, 내 눈에는 아까 그 여인이 도무지 노드스트롬의 고객으로 보이지 않거든요. 당신은 정말로 그녀가 옷값을 지불하러 다시 올 것으로 생각합니까?" 그러나 판매원은 이렇게 대답했다. "저는 누가 노드스트롬의 고객인지 판단하는 일을 하지 않습니다. 다만 찾아주신 손님들을 친절과 봉사로써 모시는 것이 임무입니다." 이 판매원의 일화는 <뉴욕 타임즈>의 특집 기사를 통해 고객에 대해 섬김과 봉사를 실천하는 사례로 소개되면서 널리 알려지게 되었다.

　또 어느 날 한 중년의 부인이 노드스트롬 백화점에서 옷을 한 벌 구입한 후 비행기를 타러 공항으로 나갔는데 공항에 가서 보니 비행기표가 없었다. 비행기표를 노드스트롬 백화점 의류 매장에 놓고 온 것이다. 잠시 후, 누군가 다가와 여인에게 비행기표를 건넸다. 그 사람은 백화점 의류매장의 여직원이었다. 중년 부인은 그 여직원의 놀라운 친절과 배려에 감동하고 노드스트롬 백화점의 평생 고객이 되었다.

## 활 동

무조건 친절이나 베푸는 것이 고객서비스는 아니다. 그것은 서비스의 한 방법일 뿐이다. 고객과의 신뢰를 구축하여 고객을 유지하고 매출액을 향상시킬 수 있는 기본원칙이 있어야 한다. 그렇다면 고객서비스란 무엇인가?

✎ 고객서비스가 무엇인지 각자의 생각을 적어보도록 하자.

|  |
|--|
|  |

고객 서비스에서 직원의 고객에 대한 태도는 매우 중요한 부분을 차지하고 있다. 대부분의 고객들은 회사의 품질에 대한 만족감과 동시에 직원의 친절함 및 인상 등 태도에 대한 평가를 많이 한다. 그리고 이것은 그 회사의 고객서비스에 대한 평가에 많은 비중을 차지하고 한다.

✎ 고객에게 보여 지는 나의 모습을 생각하여 적어보자.

| 좋은점 | 개선점 |
|---|---|
| ▶ | ▶ |
| ▶ | ▶ |
| ▶ | ▶ |
| ▶ | ▶ |
| ▶ | ▶ |

## 내 용

오늘날 많은 기업들이 고객서비스를 주요 경쟁우위 수단으로 간주하고 '고객만족헌장' 이나 '**고객서비스헌장**'을 제정, 그 실천을 위해 노력하고 있다.

> 여기서 고객서비스란 다양한 고객의 요구를 파악하고, 대응법을 마련하여 고객에게 양질의 서비스를 제공하는 것을 말한다.

「세계적인 기업이 되기 위해서는 고객서비스가 탁월해야 한다.」는 말이 소비재 뿐 아니라 품질력이 최우선시 되는 반도체 부문에서도 중시되고 있어, 이제 '고객서비스가 호텔이나 백화점에서만 하는 활동'이 아님을 실감할 수 있다. 이는 대부분의 경영자들이 현대사회에서 고객서비스에 문제가 있을 시에는 그들의 가장 중요한 자산인 고객이 자사를 떠나버린다는 사실을 잘 알고 있기 때문이다. 그리고 'amazon.com'을 최고의 인터넷 e-커머스 기업으로 이끈 제프 베이조스 회장은 '고객의 경험'을 중시하는 것이 성공의 비결이라고 말한 바 있다. 이처럼 적당히 서비스를 제공하는 것만으로는 고객을 다소 만족시킬 수는 있어도 그를 자사의 열렬한 전도자로는 만들 수 없다는 것이 오늘날의 실정이라 하겠다.

고객서비스를 제공하는 목적은 조달, 생산, 판매, 혹은 고객지원 등의 기업활동 중 어디에 중점을 두느냐에 따라 다르다. 여기서 고객중심 기업의 일반적 특성을 알아보면 다음과 같다.

- 내부고객과 외부고객 모두를 중요시 한다.
- 고객만족에 중점을 둔다.
- 고객이 정보, 제품, 서비스 등에 쉽게 접근할 수 있도록 한다.
- 보다 나은 서비스를 제공할 수 있도록 하는 기업정책을 수립한다.
- 기업의 전반적 관리시스템이 고객서비스 업무를 지원한다.
- 기업이 실행한 서비스에 대해 계속적인 재평가를 실시함으로써 고객에게 양질의 서비스를 제공하도록 서비스 자체를 끊임없이 변화시키고 업그레이드한다.

고객서비스를 통해서 기업의 성장을 이루는 과정은 우선 고품위의 고객서비스를 제공하면 고객은 감동을 받고, 이로 인해 회사에 대한 충성도, 즉 애착이 생기게 된다. 이로 인해 기업에 대한 선호도가 고객들 사이에 높아져 성장과 이익을 달성할 수 있는 것이다.

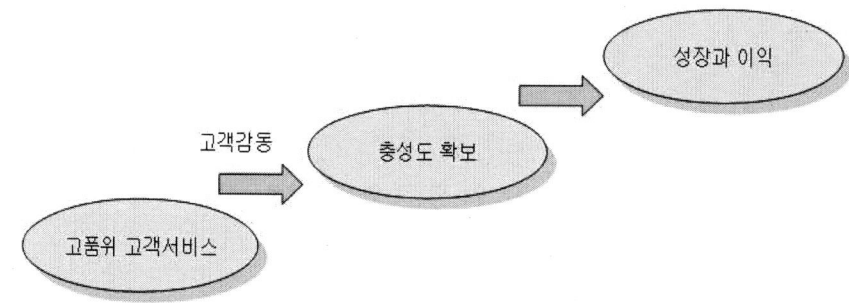

☞ 보다 심화된 내용은 교수자용 매뉴얼의 교수자료 참고 (p. 227)

## 학습평가

1. 고객서비스의 정의 중 빈칸에 알맞은 말을 채워 넣으시오.
   고객서비스란 다양한 고객의 (    )를 파악하고, 대응법을 마련하여, 고객에게 양질의 (    )를 제공하는 것을 말한다.

2. 다음 중 고객중심 기업의 특징이 아닌 것은?
   ① 고객 만족에 중점을 둔다.
   ② 고객이 정보, 제품, 서비스 등에 쉽게 접근할 수 있도록 한다.
   ③ 기업이 실행한 서비스에 대한 평가는 한번만 실시한다.
   ④ 보다 나은 서비스를 제공할 수 있도록 기업정책을 수립한다.

☞ 정답 및 해설 p.186

 2. 고객서비스의 향상을 위해서는 고객의 기업에 대한 불만을 해소하는 것이 매우 중요하다. 그러나 고객들이 불만을 표현하는 유형은 매우 다양하다. 고객의 다양한 불만 표현에 어떻게 대응해야 할지 살펴보자.

## 사 례

 **고객들의 다양한 불만유형**

〈사례 1〉

더운 여름날 한 고객이 에어컨을 구입하려고 가전제품 매장을 찾았다. 하지만 그 매장을 찾은 고객이 많아서 상담이 조금 지체되자 자신에게 상담을 빨리 해주지 않는다고 거칠게 불만을 터뜨렸다.

〈사례 2〉

레스토랑을 찾은 한 손님이 레스토랑의 서비스가 마음에 들지 않는다고 불만을 토로했다. 매니저가 다가가 시정해 주었지만, 그 손님은 이것 저것 또 트집을 잡으면서 계속 불평을 하고 있다.

〈사례 3〉

백화점 의류매장에 한 손님이 옷을 사기 위해 들렸다. 그는 매장에 진열된 옷들이 너무 싸구려 같다고 불평하면서 고급스런 옷을 보여달라고 하였다.

〈사례 4〉

한 학생이 노트북을 사기 위해 전자매장을 찾았다. 이 학생에게 상담원이 친절하게 설명을 해주었지만, 이 학생은 그의 말을 믿지 않고 계속 의심을 품었다.

## 활 동

고객의 불만을 다루는 것은 고객서비스 차원에서 피할 수 없는 일이다. 하지만 고객은 자신이 느끼는 불만을 표현하는 방식이 매우 다양하다. 그 유형을 나누어보면, 거만형, 의심형, 트집형, 빨리빨리 형으로 나누어 볼 수 있다.

✏ 위의 사례에 해당하는 사람이 어떤 유형에 해당하는지 연결하시오.

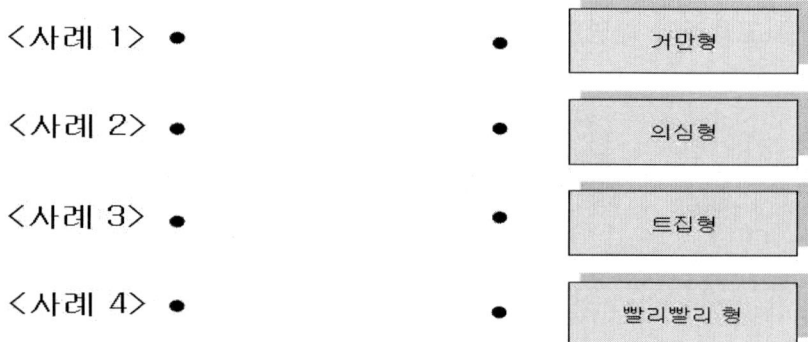

✏ 각 유형의 고객을 어떻게 다루어야 할 지 자신의 생각을 기술해주세요.

1. 거만형:


2. 의심형:


3. 트집형:


4. 빨리빨리 형:

# 내 용

고객을 다루기 위해서는 **고객의 유형**을 알아야 한다. 회사의 제품이나 서비스에 만족하는 고객이 있는가 하면, 만족하지 못하는 고객이 있다. 고객서비스 능력을 향상시키기 위해서는 불만족한 고객을 다룰 줄 아는 것이 매우 중요하다.

불만족한 고객은 불만을 표현하는 방식이 매우 다양하다.

거만형은 자신의 과시욕을 드러내고 싶어 하는 사람으로, 보통 제품을 폄하하는 사람들이 많이 있다. 의심형은 직원의 설명이나 제품의 품질에 대해 의심을 많이 하는 사람이고, 트집형은 사소한 것으로 트집을 잡는 까다로운 고객을 말한다. 빨리빨리 형은 성격이 급하고, 확신 있는 말이 아니면 잘 믿지 않는 고객을 말한다.

이런 고객들을 상대하는데 있어 주의해야 할 사항을 요약하면 다음과 같다.

① **거만형**
- 정중하게 대하는 것이 좋다.
- 자신의 과시욕이 채워지도록 뽐내든 말든 내버려 두는 것이다.
- 의외로 단순한 면이 있으므로 일단 그의 호감을 얻게 되면 여러 면으로 득이 될 경우가 많다.

② **의심형**
- 분명한 증거나 근거를 제시하여 스스로 확신을 갖도록 유도한다.
- 때로는 책임자로 하여금 응대하는 것도 좋다.

③ 트집형
- 이야기를 경청하고, 맞장구치고, 추켜세우고, 설득해 가는 방법이 효과적이다.
- 예: '손님의 말씀이 맞습니다. 역시 손님께서 정확하십니다.' 하고 고객의 지적이 옳음을 표시한 후 '저도 그렇게 생각하고 있습니다만...'하고 설득한다.
- 잠자코 고객의 의견을 경청하고 사과를 하는 응대가 바람직하다.

④ 빨리빨리 형
- "글쎄요?", "아마...", "저..." 하는 식으로 애매한 화법을 사용하면 고객은 신경이 더욱 날카롭게 곤두서게 된다.
- 만사를 시원스럽게 처리하는 모습을 보이면 응대하기 쉽다.

고객의 불평은 서비스를 개선하기 위해 매우 중요한 정보가 된다. 불평에 대한 잘못된 인식을 하지 않고, 좋은 방안으로 활용하기 위해 꼭 알아야 할 사항을 정리하면 다음과 같다.

- 불만족한 고객 대부분은 불평하지 않는다. 불평하는 고객은 사업자를 도와주려는 생각에서 불평을 하는 경우가 많다. 따라서 고객의 불평을 감사하게 생각해야 한다.
- 고객의 불평은 종종 거친 말로 표현된다. 그러나 그것은 꼭 불만의 내용이 공격적이기 때문에 그런 것은 아니다.
- 대부분의 불평고객은 단지 기업이 자신의 불평을 경청하고, 잘못된 내용을 설명하고 제대로 고치겠다고 약속하면서 사과하기를 원한다.
- 미리 들을 준비를 하고 침착하게 긍정적으로 고객을 대하며, 대부분의 불평은 빠르게 큰 고통 없이 해결된다.

## 학습평가

1. 고객불만 표현 유형에 알맞은 지침에 연결하시오

   거만형 •　　　　• 이야기를 경청하고 맞장구쳐 주고 추켜 세워준다.

   의심형 •　　　　• 정중하게 대하는 것이 좋다.
   　　　　　　　　 자신의 과시욕이 채워지도록 내버려 둔다.

   트집형 •　　　　• 애매한 화법을 사용하지 않는다.
   　　　　　　　　 만사를 시원스럽게 처리하는 모습을 보인다.

   빨리빨리 형 •　　• 분명한 증거나 근거를 제시한다.
   　　　　　　　　 때로는 책임자로 하여금 응대하게 한다.

☞ 정답 및 해설 p.186

 3. 고객들은 어느 정도 합리적인 근거를 가지고 불만을 표시한다. 불만 사항을 이야기할 때 무시하거나 외면하지 않는다면 고객불만은 좋은 결과로 이어질 수 있을 것이다. 고객의 불만을 효과적으로 처리하기 위해서는 어떠한 과정을 거쳐야 할까?

## 사 례

### 옷 가게 종업원의 태도

졸업을 앞두고 있는 은혜는 취업 면접을 위해 옷 매장에서 마음에 드는 스커트 정장을 한 벌 구입하였다. 그런데 집에 돌아와서 다시 입어보니 매장에서 본 것과 달리 옷이 자신에게 잘 어울리지 않는다는 생각을 하였다. 어떻게 할까 고민을 하다가 며칠 후 다시 옷 매장을 방문하여 옷을 교환하러 왔다고 하였다. 종업원은 짜증을 내면서 그냥 다른 것으로 바꾸어 가라고 하면서 못마땅한 듯한 표정을 지었다.

처음 찾아온 손님에게는 친절하게 이야기도 하고, 옷도 추천해주고 하던 종업원이 옷을 교환하러 오니까 전혀 다른 모습과 태도를 보였다. 은혜는 매장에서 자신이 원하던 대로 옷을 골라 바꾸어 왔지만, 그 종업원과 매장에 대한 씁쓸한 마음을 지울 수가 없었다. 그래서 은혜는 그 매장을 다시는 찾지 않겠다고 다짐했다.

## 활 동

고객의 불만을 해결하는 과정을 제대로 이해하는 것은 고객서비스를 향상시키는데 있어 매우 중요한 역할을 한다.

단지 고객이 원하는 것을 해주면 되는 것 아니냐 하는 생각은 고객으로 하여금 불쾌한 마음을 가질 수 있게 해준다. 고객이 어떤 점에서 불만이 있는지 정확히 파악하게 이에 맞게 대응하는 것이 적절하다.

다음 상황에서 당신이라면 어떻게 대처할 지, 그 과정을 나름대로 작성해 주십시오.

> 상황: 며칠 전 전자사전을 구입해 간 영호는 전자사전이 제대로 작동을 하지 않아 문제가 있다고 다시 매장을 찾아왔다. 영호는 비싼 가격으로 구입한지 며칠 되지도 않아 고장 난 것에 대하여 매우 불쾌해 하였다. 이에 영호는 판매원에게 전자사전을 새 것으로 교환해 주든지 아니면 환불해달라고 요구하였다.

## 내 용

불만고객이란 자신에게 서비스 제공자(기업)를 상대로 불만을 표현하고 해결을 요구하는 고객을 말한다. 고객불만은 서비스 제공자의 불친절한 태도, 고객에 대한 무관심, 고객의 요구 외면 또는 무시, 건방떨기, 무표정과 기계적 서비스, 규정 핑계, 고객 뺑뺑이 돌리기 등 여러 가지 원인에 의해 발생한다

많은 서비스 제공자들은 고객의 불만에 대해서 다른 사람들은 아무 소리 안하는데 왜 이 고객만 유별나게 구느냐고 성가시게 여기는 경향이 있다. 그러나 이렇게 유별난 고객이야말로 기업에게 소중한 고객이며, 기업이 안고 있는 문제를 해결해주는 스승이 된다. 왜냐하면, 불만을 밖으로 표출하는 고객은 100명 중에서 4명 밖에 되지 않고, 나머지 불만을 품은 96명은 소리없이 떠나가는 고객이 되기 때문이다. 그리고 불만고객은 자신이 겪은 불만사항에 대하여 8~10명의 다른 사람들에게 전파하며, 불만족 고객의 80%가 거래를 중단한다고 한다. 반면에 불만이 있어도 그것이 만족스럽게 해결되면 54~70%가 다시 거래를 하며, 불만이 신속하게 해결되기만 하면 반복구매율이 95%까지 증가하고 이들은 단골고객이 되기도 한다.

서비스 분야에서 오랜 경력을 가지고 베테랑이라고 자처하는 사람들도 까다로운 고객이나 화가 난 고객을 응대할 경우에는 어려움을 호소하고 한다. 그러나 이런 특별한 상황은 우리에게 오히려 차별화되고 특별한 서비스를 제공하는 성공 기회가 될 수도 있다. 그러므로 평소 고객의 불만을 다루는 프로세스를 몸에 체득하고 있으면 이를 쉽게 해결할 수 있을 것이다.

고객 불만 처리 프로세스는 8단계로 나누어질 수 있는데, 이는 아래의 그림과 같다.

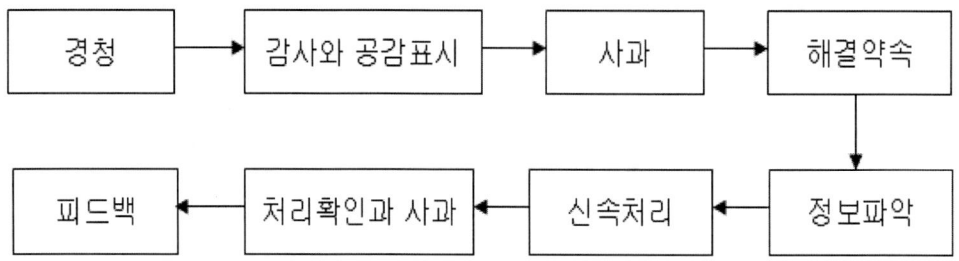

각 단계에 대한 자세한 설명은 다음과 같다.

### ① 경청
- 고객의 항의에 경청하고 끝까지 듣는다.
- 선입관을 버리고 문제를 파악한다.

### ② 감사와 공감표시
- 일부러 시간을 내서 해결의 기회를 준 것에 감사를 표시한다.
- 고객의 항의에 공감을 표시한다.

### ③ 사과
- 고객의 이야기를 듣고 문제점에 대한 인정과 잘못된 부분에 대해 사과한다.

### ④ 해결약속
- 고객이 불만을 느낀 상황에 대해 관심과 공감을 보이며, 문제의 빠른 해결을 약속한다.

### ⑤ 정보파악
- 문제해결을 위해 꼭 필요한 질문만 하여 정보를 얻는다.
- 최선의 해결방법을 찾기 어려우면 고객에게 어떻게 해주면 만족스러운지를 묻는다.

### ⑥ 신속처리
- 잘못된 부분을 신속하게 시정한다.

### ⑦ 처리확인과 사과
- 불만처리 후 고객에게 처리 결과에 만족하는지를 물어본다.

### ⑧ 피드백
- 고객 불만 사례를 회사 및 전 직원에게 알려 다시는 동일한 문제가 발생하지 않도록 한다.

## 학습평가

1. 고객 불만 처리 프로세스를 완성하시오.

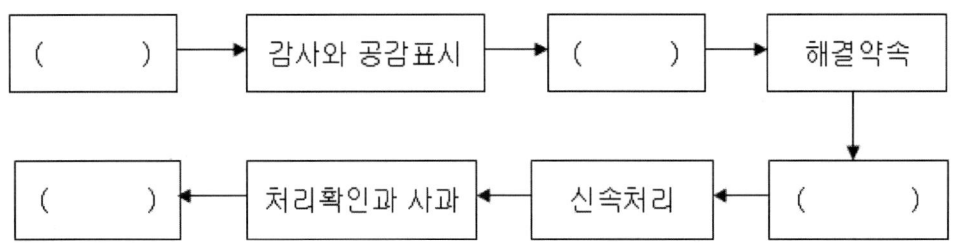

☞ 정답 및 해설 p.187

 1. 대부분의 고객만족 조사는 고객서비스 향상 뿐만 아니라 회사의 전체적인 호응도를 향상시키기 위해서 꼭 필요한 작업이다. 고객만족 조사에 대해서 살펴보도록 하자.

 사 례

### 고객만족 서비스 평가

'고객을 감동시키는 만족서비스를 실천하라!'. A생명이 최근 모든 직원의 고객서비스 수준을 평가해 우수 직원에게 최고 500만원을 수당으로 지급하는 '고객만족점수제'를 도입했다. 이 제도에 따라 A생명의 전 직원은 매당 활동 영역별 심사기준에 따라 고객서비스 수준을 평가받은 뒤 '고객서비스 점수'를 부여받게 된다. 또한 개인별 평가와 함께 팀과 그룹 단위별로 평가가 이뤄져 평가 결과에 따라 그룹별로 '고객만족 등급'이 부여된다. 평가점수가 높은 직원들은 1인당 10만원에서 최고 500만원까지의 특별수당을 받게 되며 해외여행 등의 특전을 받게 되고, 인사고과에도 반영된다.

T이사는 "직원 개개인의 고객서비스 수준을 적절히 평가해 보상함으로써 직원의 서비스 수준을 개선하고 고객만족을 실천하기 위해 제도를 도입했다"며 "직원 간 선의의 경쟁을 통해 고객서비스 수준이 향상될 것으로 기대한다"고 말했다.

또, 마케팅 인사이트가 실시한 2011년도 '자동차 품질 및 고객만족 조사'에서 R사는 소비자가 평가한 영업만족, A/S만족, 종합체감만족 등 '자동차 고객만족 부문'에서 10년 연속 1위를 차지했다. 이에 더해 제품품질과 서비스품질 모두에서 경쟁업체들을 앞서는 것으로 평가되어 2011년 고객평가 8개 부문 중 6개 부문을 석권했다. 이로써 이 회사는 고객만족 1위 기업의 이미지와 고객충성도를 더욱 강화해나갈 수 있게 되었다.

## 활 동

직장에서 당신에게 우리 회사의 고객만족을 진단해보라는 임무가 부여되었을 때 어떻게 할 것인지 계획을 작성해보십시오.

---

1.조사 분야 및 대상을 정의하세요.
_____
_____
_____

2.조사목적을 설정 하세요.
_____
_____
_____

3.조사방법 및 횟수를 설정하세요.
_____
_____
_____

4.조사결과 활용계획을 작성해주세요.
_____
_____
_____

---

## 내 용

대부분의 **고객만족 조사**는 고객의 요구를 파악하고 이를 비즈니스 프로세스에 입안하려는 의도가 보이지 않는 구성을 하거나 자사의 가시적인 성과만을 보여 주려는 의도가 보인다. 사전에 고객의 요구도 파악하지 않고, 고객에 대한 지식이 전혀 없는 사람이 고객 조사 설문을 작성했을 때의 결과는 전혀 엉뚱한 결과가 될 것이다. 그야말로 형식적인 조사에 그치는 경우가 많다.

고객만족 조사의 목적은 고객의 주요 요구를 파악하여 가장 중요한 고객요구를 도출하고, 자사가 가지고 있는 자원을 토대로 경영 프로세스의 개선에 활용함으로써 경쟁력을 증대시키는 것이라고 할 수 있다. 결국 기업은 수익이 증대되고 품질향상으로 인한 유형 및 무형의 가치를 창출하게 된다.

고객만족을 측정하는데 있어서 많은 사람들이 오류를 범할 수 있는데 그 유형을 정리하면 다음과 같다.

1. 고객이 원하는 것을 알고 있다고 생각함
2. 적절한 측정 프로세스 없이 조사를 시작함
3. 비전문가로부터 도움을 얻음
4. 포괄적인 가치만을 질문함
5. 중요도 척도를 오용함
6. 모든 고객들이 동일한 수준의 서비스를 원하고 필요하다고 가정함

고객만족 조사를 적절히 수행하기 위해서는 적절한 조사계획이 수립되어야 한다. 고객만족 조사계획에서 수행되어야 할 것은 조사 분야 및 대상 결정, 조사목적 설정, 조사방법 및 횟수, 조사결과 활용 계획으로 나눌 수 있다.

### ① 조사 분야 및 대상 설정

시장이 다양화 되고, 제품 및 서비스가 점점 복잡화 함에 따라 조사 분야와 대상을 확실히 설정하는 것이 필요하다. 그렇지 않으면 정확히 측정하고자 하는 것에 대한 고객만족을 조사할 수 없게 될 것이다.

기업의 어떤 제품에 대한 고객만족인지, 아니면 서비스에 대한 고객들의 만족도를 조사할 것인지를 분명히 선정해야 한다.

### ② 조사목적 설정

고객만족 조사의 목적은 크게 4가지로 나눌 수 있다.

- 전체적 경향의 파악
  - 고객만족도 수준은 어떠한 상황에 있는지, 어떻게 변화하고 있는지, 어떠한 요인에 의해 결정되는지, 고객의 심리는 어떻게 되어 있는지 등 전체적인 관점에서 조사한다.
  - 객관성, 공평성, 과학적 합리성이 요구되는 조사가 실시되어야 한다.

- 고객에 대한 개별대응 및 고객과의 관계유지 파악
- 개별고객의 불만해소, 니즈 파악, 이후의 비즈니스 관련 정보입수 등이 중요
- 조사대상의 선택은 무작위이어서는 안 된다. 중요한 고객을 우선해야 한다.

- 평가목적
- 포괄적인 질문, 상세한 질문은 불필요하다.
- 평균치 계산으로 많은 목적이 달성된다.

- 개선 목적
- 고객심리 및 평가의 결정요인의 해명 등이 분석의 대상
- 가능한 한 고객의 감정에 따른 질문 작성이 요구, 비교적 상세한 질문 및 자유회답이 바람직하다.

### ③ 조사방법 및 횟수

□ 조사방법
고객만족 조사에 사용되는 방법으로는 설문조사, 심층면접법이 있다.

- 설문조사
- 고객만족을 측정할 수 있는 문항으로 구성된 설문지를 통하여 응답자들의 인식을 조사하는 방법이다.
- 비교적 빠른 시간 내에 조사를 실시할 수 있다.
- 조사결과를 통계적으로 처리할 수 있다.
- 응답자들이 쉽게 알아들을 수 있는 말로 질문을 구성해야 한다.

- 심층면접법
- 조사자와 응답자간의 일대일 대면접촉에 의해 응답자의 잠재된 동기, 신념, 태도 등을 발견하는데 사용한다.
- 30분에서 1시간 정도의 비교적 긴 시간이 소요된다.
- 다른 방법을 통해 포착할 수 없는 심층적인 정보를 경험적으로 얻을 수 있다.
- 독특한 정보를 얻을 수 있다.
- 인터뷰 결과를 사실과 다르게 해석할 수 있다.

□ 조사횟수

보통 1회 조사로 고객만족 조사를 하는 경우가 많이 있지만, 1회 조사는 실패하기 쉽다. 조사방법이나 질문내용이 부적절하기도 하고, 정확한 조사결과를 얻기 어렵기 때문이다. 그래서 보통 연속조사를 하는 것을 권장한다. 연속조사 시 주의해야 할 사항은 다음과 같다.

1. 조사방법 및 질문내용을 가능한 한 변경하지 않는 것이 필요하다. 조사에 생각하지 않은 영향이 있기 때문이다.
2. 위험을 초래하지 않는 경우라며 조금씩 변경하거나, 일시적으로 예전의 질문과 새로운 질문을 병행시키는 등의 계획을 하는 것도 좋다.

### ④ 조사결과 활용 계획

조사결과 활용 계획은 앞선 조사목적과 일맥상통한다. 조사결과를 평가에 반영하기 위한 것인지, 아니면 서비스나 제품을 개선하기 위한 것인지에 따라 활용계획은 달라질 것이다. 목적에 맞는 활용계획을 설정해 놓는 것이 조사의 방향에 일관성을 부여할 수 있다.

## 학습평가

1. 고객만족 조사에서 이루어져야 할 4가지 항목을 적어주세요
   (            ), (            ), (            ), (            )

2. 고객만족 조사 계획과 관련해서 ○,×로 답해주세요.
   - 조사 분야와 범위는 명확하게 정의해야 한다.  (    )
   - 고객만족 조사는 평가를 위한 목적이다.       (    )
   - 고객만족 조사는 대부분 설문조사만 실시한다.  (    )
   - 조사 횟수는 연속조사가 바람직하다.          (    )
   - 조사결과 활용 계획은 굳이 세울 필요 없다.    (    )

☞ 정답 및 해설 p.187

# 학습정리

1. 고객서비스란 다양한 고객의 요구를 파악하고, 대응법을 마련하여 고객에게 양질의 서비스를 제공하는 것을 말한다.

2. 고객 불만 표현 유형은 크게, 거만형, 의심형, 트집형, 빨리빨리 형으로 나눌 수 있다. 거만형은 자신의 과시욕을 드러내고 싶어 하는 사람이고, 의심형은 직원의 설명이나 제품의 품질에 대해 의심을 많이 하는 사람이다. 트집형은 사소한 것을 트집을 잡는 까다로운 고객이며, 빨리빨리 형은 성격이 급하고, 확신있는 말이 아니면 잘 믿지 않는 고객을 말한다.

3. 고객 불만 처리 프로세스는 다음의 8단계로 이루어진다.

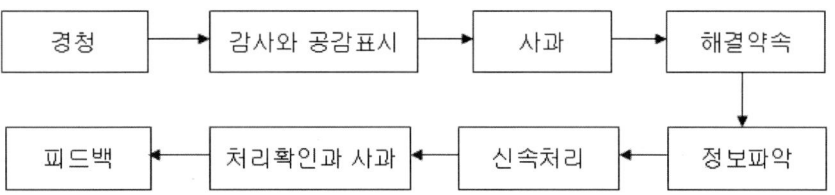

4. 고객만족 조사계획에서 수행되어야 할 것은, 조사 분야 및 대상 결정, 조사목적 설정, 조사방법 및 횟수, 조사결과 활용 계획이 있다.

- 조사 분야 및 대상 설정 - 명확히 설정해야만 정확한 조사가 될 수 있다.
- 조사목적 설정 - 전체적 경향의 파악, 고객에 대한 개별대응 및 고객과의 관계 유지 파악, 평가, 개선 등의 목적이 있음.
- 조사방법 및 횟수 - 설문조사와 심층면접법이 주로 활용됨
- 연속조사를 권장함
- 조사결과 활용 계획 - 조사목적에 맞게 구체적인 활용 계획을 작성함

## 사후평가

### 체크리스트

직업기초능력으로서 대인관계능력을 학습한 것을 토대로 다음 표를 이용하여 자신의 수준에 해당되는 칸에 √표 하시오.

| 구분 | 문항 | 매우 미흡 | 미흡 | 보통 | 우수 | 매우 우수 |
|---|---|---|---|---|---|---|
| F-1<br>대인관계<br>능력 | 1. 나는 대인관계능력의 의미를 설명할 수 있다. | 1 | 2 | 3 | 4 | 5 |
| | 2. 나는 대인관계 형성시 중요한 요소를 설명할 수 있다. | 1 | 2 | 3 | 4 | 5 |
| | 3. 나는 대인관계 향상이 무엇인지 설명할 수 있다. | 1 | 2 | 3 | 4 | 5 |
| | 4. 나는 다양한 대인관계 향상 방법을 설명할 수 있다. | 1 | 2 | 3 | 4 | 5 |
| | 5. 나는 다양한 대인관계 향상 방법을 실제 직업생활에서 활용할 수 있다. | 1 | 2 | 3 | 4 | 5 |
| F-2-가<br>팀워크능력 | 1. 나는 팀워크의 정의를 설명할 수 있다. | 1 | 2 | 3 | 4 | 5 |
| | 2. 나는 팀워크와 응집성의 차이에 대해 설명할 수 있다. | 1 | 2 | 3 | 4 | 5 |
| | 3. 나는 팀워크의 유형에 대해 설명할 수 있다. | 1 | 2 | 3 | 4 | 5 |
| | 4. 나는 효과적인 팀의 특징에 대해 설명할 수 있다. | 1 | 2 | 3 | 4 | 5 |
| | 5. 나는 멤버십의 정의를 설명할 수 있다. | 1 | 2 | 3 | 4 | 5 |
| | 6. 나는 멤버십의 유형과 그에 따른 특징을 설명할 수 있다. | 1 | 2 | 3 | 4 | 5 |
| | 7. 나는 팀워크를 촉진하기 위한 조건에 대해 설명할 수 있다. | 1 | 2 | 3 | 4 | 5 |
| | 8. 나는 실제 현재 소속된 팀의 팀워크를 촉진할 수 있다. | 1 | 2 | 3 | 4 | 5 |
| F-2-나<br>리더십<br>능력 | 1. 나는 리더십의 의미를 설명할 수 있다. | 1 | 2 | 3 | 4 | 5 |
| | 2. 나는 리더와 관리자의 차이를 설명할 수 있다. | 1 | 2 | 3 | 4 | 5 |
| | 3. 나는 다양한 형태의 리더십 유형을 설명할 수 있다. | 1 | 2 | 3 | 4 | 5 |
| | 4. 나는 조직구성원들에게 동기를 부여할 수 있는 방법을 설명할 수 있다. | 1 | 2 | 3 | 4 | 5 |
| | 5. 나는 코칭의 의미를 설명할 수 있다. | 1 | 2 | 3 | 4 | 5 |
| | 6. 나는 코칭의 기본원칙에 대해 설명할 수 있다. | 1 | 2 | 3 | 4 | 5 |
| | 7. 나는 임파워먼트의 의미를 설명할 수 있다. | 1 | 2 | 3 | 4 | 5 |
| | 8. 나는 임파워먼트가 잘 발휘될 수 있는 여건을 설명할 수 있다. | 1 | 2 | 3 | 4 | 5 |
| | 9. 나는 변화관리의 중요성을 설명할 수 있다. | 1 | 2 | 3 | 4 | 5 |
| | 10. 나는 일반적인 변화관리의 3단계를 설명할 수 있다. | 1 | 2 | 3 | 4 | 5 |

| 구분 | 문항 | 매우 미흡 | 미흡 | 보통 | 우수 | 매우 우수 |
|---|---|---|---|---|---|---|
| F-2-다<br>갈등관리<br>능력 | 1. 나는 갈등의 의미를 설명할 수 있다. | 1 | 2 | 3 | 4 | 5 |
| | 2. 나는 갈등의 단서가 무엇인지 설명할 수 있다. | 1 | 2 | 3 | 4 | 5 |
| | 3. 나는 갈등의 원인이 무엇인지 설명할 수 있다. | 1 | 2 | 3 | 4 | 5 |
| | 4. 나는 갈등의 두 가지 쟁점인 핵심문제와 감정적 문제를 구별할 수 있다. | 1 | 2 | 3 | 4 | 5 |
| | 5. 나는 갈등해결방법을 모색하는데 있어서 중요한 사항을 설명할 수 있다. | 1 | 2 | 3 | 4 | 5 |
| | 6. 나는 윈-윈 갈등 관리법이 무엇인지 설명할 수 있다. | 1 | 2 | 3 | 4 | 5 |
| | 7. 나는 윈-윈 전략에 기초한 갈등해결 7단계를 설명할 수 있다. | 1 | 2 | 3 | 4 | 5 |
| | 8. 나는 조직의 갈등을 줄일 수 있는 지침을 설명할 수 있다. | 1 | 2 | 3 | 4 | 5 |
| F-2-라<br>협상능력 | 1. 나는 협상의 의미를 설명할 수 있다. | 1 | 2 | 3 | 4 | 5 |
| | 2. 나는 협상의 중요성을 설명할 수 있다. | 1 | 2 | 3 | 4 | 5 |
| | 3. 나는 협상과정 5단계를 설명할 수 있다. | 1 | 2 | 3 | 4 | 5 |
| | 4. 나는 협상과정에서 해야 할 일을 설명할 수 있다. | 1 | 2 | 3 | 4 | 5 |
| | 5. 나는 다양한 협상전략에 대해 설명할 수 있다. | 1 | 2 | 3 | 4 | 5 |
| | 6. 나는 다양한 협상전략을 활용하여야 하는 경우를 설명할 수 있다. | 1 | 2 | 3 | 4 | 5 |
| | 7. 나는 상대방을 설득하는 다양한 방법을 설명할 수 있다. | 1 | 2 | 3 | 4 | 5 |
| | 8. 나는 상대방과 상황에 따라 적절한 방법을 활용하여 상대방을 설득시킬 수 있다. | 1 | 2 | 3 | 4 | 5 |
| F-2-마<br>고객서비스<br>능력 | 1. 나는 고객서비스의 정의를 설명할 수 있다. | 1 | 2 | 3 | 4 | 5 |
| | 2. 나는 고객서비스가 기업의 성장과 어떤 관계에 있는지 설명할 수 있다. | 1 | 2 | 3 | 4 | 5 |
| | 3. 나는 고객의 불만 표현 유형을 설명할 수 있다. | 1 | 2 | 3 | 4 | 5 |
| | 4. 나는 고객의 불만 표현 유형에 따라 대처 방법을 설명할 수 있다. | 1 | 2 | 3 | 4 | 5 |
| | 5. 나는 고객의 불만 처리 프로세스를 설명할 수 있다. | 1 | 2 | 3 | 4 | 5 |
| | 6. 나는 고객만족의 중요성을 설명할 수 있다. | 1 | 2 | 3 | 4 | 5 |
| | 7. 나는 고객만족 조사 계획의 필수 요소를 설명할 수 있다. | 1 | 2 | 3 | 4 | 5 |
| | 8. 나는 실제 고객만족 조사를 계획할 수 있다. | 1 | 2 | 3 | 4 | 5 |

## 평가 방법

체크리스트의 문항별로 자신이 체크한 결과를 아래 표를 이용하여 해당하는 개수를 적어보자.

| 학습모듈 | 점수 | | 총점 | 총점 / 문항 수 | 교재 page |
|---|---|---|---|---|---|
| F-1 대인관계능력 | 1점 × ( | )개 | | 총점 / 5<br>= (    ) | pp.9-20 |
| | 2점 × ( | )개 | | | |
| | 3점 × ( | )개 | | | |
| | 4점 × ( | )개 | | | |
| | 5점 × ( | )개 | | | |
| F-2-가 팀워크능력 | 1점 × ( | )개 | | 총점 / 8<br>= (    ) | pp.21-52 |
| | 2점 × ( | )개 | | | |
| | 3점 × ( | )개 | | | |
| | 4점 × ( | )개 | | | |
| | 5점 × ( | )개 | | | |
| F-2-나 리더십능력 | 1점 × ( | )개 | | 총점 / 10<br>= (    ) | pp.53-91 |
| | 2점 × ( | )개 | | | |
| | 3점 × ( | )개 | | | |
| | 4점 × ( | )개 | | | |
| | 5점 × ( | )개 | | | |
| F-2-다 갈등관리능력 | 1점 × ( | )개 | | 총점 / 8<br>= (    ) | pp.92-120 |
| | 2점 × ( | )개 | | | |
| | 3점 × ( | )개 | | | |
| | 4점 × ( | )개 | | | |
| | 5점 × ( | )개 | | | |
| F-2-라 협상능력 | 1점 × ( | )개 | | 총점 / 8<br>= (    ) | pp.121-146 |
| | 2점 × ( | )개 | | | |
| | 3점 × ( | )개 | | | |
| | 4점 × ( | )개 | | | |
| | 5점 × ( | )개 | | | |
| F-2-마 고객서비스능력 | 1점 × ( | )개 | | 총점 / 8<br>= (    ) | pp.147-167 |
| | 2점 × ( | )개 | | | |
| | 3점 × ( | )개 | | | |
| | 4점 × ( | )개 | | | |
| | 5점 × ( | )개 | | | |

## 평가 결과

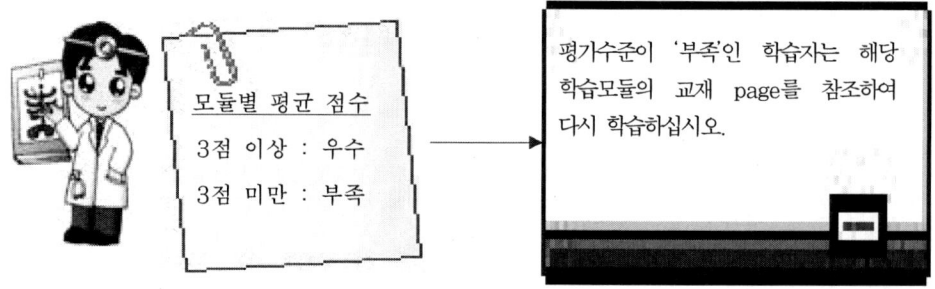

모듈별 평균 점수
3점 이상 : 우수
3점 미만 : 부족

평가수준이 '부족'인 학습자는 해당 학습모듈의 교재 page를 참조하여 다시 학습하십시오.

## 총괄평가

1. 대인관계를 형성할 때 가장 중요한 것은?
   ① 다른 사람에게 행하는 말과 행동
   ② 인간관계 기법의 습득
   ③ 지적 능력과 학력
   ④ 자기 내면에서 나오는 사람됨

2. 다음 대인관계능력의 정의 중 빈칸에 알맞은 답의 묶음으로 된 것은?

   | 대인관계능력이란 직장생활에서 협조적인 관계를 유지하고, 조직구성원들에게 도움을 줄 수 있으며, 조직 내·외부의 ( 가 )을(를) 원만히 해결하고 고객의 ( 나 )을(를) 충족시켜줄 수 있는 능력이다. |
   |---|

     (가) - (나)     (가) - (나)
   ① 갈등 - 목표   ② 갈등 - 요구
   ③ 과제 - 요구   ④ 과제 - 목표

3. 대인관계능력을 향상시키는 방법으로 적절하지 <u>않은</u> 것은?
   ① 상대방에 대한 이해심을 키운다.
   ② 결과에 대한 기대를 명확히 하고 서로 공유한다.
   ③ 약속을 잘 지키고 언행인치를 위해 노력한다.
   ④ 잘못된 일에 대하여 반복해서 사과를 한다.

4. 다음 중 팀워크와 관련한 설명으로 적절하지 <u>않은</u> 것은?
   ① 팀워크는 팀원들이 공동의 목적을 달성하기 위해 상호 관계성을 가지고 협력하여 일을 해나가는 것이다.
   ② 응집력은 사람들로 하여금 집단에 머물도록 느끼게 하고, 그 집단의 멤버로 계속 남아있기를 원하게 만드는 힘을 의미한다.
   ③ 멤버십이란 조직의 구성원으로서 자격과 지위를 갖는 것으로 훌륭한 멤버십은 리더십의 역할을 충실하게 잘 수행하는 것이다.
   ④ 팀워크는 팀원 개인의 우수성에 의존하기보다 팀원간의 신뢰와 협동을 바탕으로 시너지 효과를 통한 조직의 목표 달성을 추구한다.

5. 다음 중 효과적인 팀의 특성에 대한 설명으로 적절하지 <u>않은</u> 것은?
   ① 명확하게 기술된 팀의 사명과 목표를 가져야 한다.
   ② 모든 팀원의 역할과 책임을 명확히 규정한다.
   ③ 모든 팀원은 팀 리더의 역량과 의견을 존중하고 따라야 한다.
   ④ 팀원들간에 개방적인 의사소통을 하고 객관적인 의사결정을 내린다.

6. 멤버십의 유형에 대한 설명으로 올바른 것은?
   ① 소외형은 다소 냉소적, 부정적인 시각을 가지고, 조직이 자신을 인정해주지 안 않는다는 인식을 갖는다.
   ② 실무형은 기쁜 마음으로 과업을 수행하며 리더나 조직을 믿고 헌신한다.
   ③ 순응형은 규정과 규칙에 따라 행동하며 적당한 열의와 평범한 수완으로 업무를 수행한다.
   ④ 주도형은 조직의 운영방침에 민감하고 사건을 균형 잡힌 시각으로 본다.

7. 다음 중 팀워크를 촉진하기 위한 노력으로 적절하지 <u>않은</u> 것은?
   ① 동료에 대한 피드백 강화
   ② 팀장 주도의 의사결정
   ③ 팀원간의 갈등 해결
   ④ 협력을 통한 창의력 조성

8. 다음 중 협력을 장려하는 환경을 조성하기 위한 노력으로 적절하지 <u>않은</u> 것은?
   ① 다른 팀원의 말에 흥미를 가지고 대하라
   ② 상식에서 벗어난 아이디어에 대해서는 필요한 비판을 하라
   ③ 가능한 한 많은 양의 아이디어를 요구하라
   ④ 침묵을 지키는 것을 존중하라

9. 다음 중 리더십의 설명으로 적절하지 <u>않은</u> 것은?
   ① 상사의 권한으로 하급자를 지휘 감독하는 활동
   ② 자신의 주장을 소신 있게 나타내고 다른 사람들을 격려하는 힘
   ③ 목표달성을 위해 어떤 사람이 다른 사람에게 영향을 주는 행위
   ④ 조직의 목표달성을 위해 개인이 조직원들에게 영향력을 행사하는 과정

10. 리더십 유형에 대한 설명으로 적절하지 않은 것은?
① 독재자 유형은 집단이 통제가 없이 방만할 때 효과적이며, 모든 정보를 리더가 독점하고 실수가 용납되지 않는다.
② 민주주의에 근접한 유형은 팀원들의 적극적인 참여와 토론을 장려하되 최종결정권은 리더에게 둔다.
③ 파트너십 유형에 있어서 리더를 제외한 모든 구성원들은 동등하게 대우받고 결과에 대하여 책임을 공유한다.
④ 변혁적 유형은 조직의 변혁이 요구될 때 활용되며, 리더는 조직에 명확한 비전을 제시하고 존경심과 충성심을 불어넣는다.

11. 조직원의 동기부여와 관련한 설명으로 적절하지 않은 것은?
① 조직원들의 잠재력을 지속적으로 발휘하도록 하기 위해서는 금전적 보상이나 승진, 스톡옵션 같은 외적인 동기부여가 가장 효과적이다.
② 창의적 문제해결법은 조직원이 자신의 실수나 잘못에 대해 스스로 책임지도록 동기부여하는 것을 의미한다.
③ 공포분위기 조성과 같은 부정적인 동기부여는 단기적인 효과는 거둘 수 있지만 장기적으로는 한계상황을 초래할 수 있다.
④ 긍정적 강화는 목표달성을 높이 하여 조직원에게 곧바로 보상하는 것을 의미하며 효과적인 동기부여 방법이 된다.

12. 코칭과 관련된 설명으로 적절하지 않은 것은?
① 코칭은 조직의 지속적인 성장과 성공을 만들어내는 리더의 능력이라 할 수 있다.
② 코칭은 모든 사람을 팀에 관여하도록 하고, 프로젝트 또는 업무를 훌륭하게 수행하도록 하는데 기여한다.
③ 코칭은 다른 사람들을 지도하는 측면보다 이끌어주고 영향을 미치는데 중점을 두는 활동이다.
④ 코칭에서 리더는 조직원들에게 유용한 정보와 지식을 제공하고 최종 의사결정 권한을 갖는다.

13. 임파워먼트와 관련한 설명으로 적절하지 않은 것은?
① 임파워먼트란 조직원들을 신뢰하고 그들의 잠재력을 개발함으로써 고성과 조직이 되도록 하는 것이다.
② 임파워먼트는 조직원들에게 업무위임을 통해 업무의 효율성을 높이는 활동이다.
③ 임파워먼트는 혁신성과 자발성을 이끌어내고 조직 전체의 목적에 헌신하도록 유도한다.
④ 임파워먼트의 장애요인은 개인, 대인, 관리, 조직의 4가지 차원에서 살펴볼 수 있다.

14. 변화관리와 관련된 설명으로 적절한 것은?
    ① 일반적으로 조직의 변화관리는 변화 이해하기, 변화 인식하기, 변화 수용하기의 3단계 과정을 거친다.
    ② 변화관리에서 있어서 리더는 직원들을 어떻게 도울 것인가를 가장 먼저 고민해야 한다.
    ③ 조직에서 일어나는 변화는 모두 바람직한 것이다.
    ④ 조직의 변화에 부정적인 반응을 보이는 직원들에 대해서는 주의, 경고조치 등의 방법으로 변화를 수용하도록 지도한다.

15. 갈등관리와 관련한 설명으로 적절하지 않은 것은?
    ① 조직 내 갈등은 새로운 해결책을 만들어주는 기회가 될 수 있다.
    ② 조직의 갈등은 낮을수록 높은 직무성과를 나타낸다.
    ③ 갈등수준이 너무 높으면 조직 내부에 혼란과 분열이 발생한다.
    ④ 팀원들이 승패의 경기를 시작하게 되면 갈등 증폭의 원인이 된다.

16. 다음 중 갈등의 5단계과정을 바르게 나열한 것은?
    ① 의견불일치 - 진정 - 격화 - 대결 - 갈등 해소
    ② 대결 - 의견불일치 - 진정 - 격화 - 갈등 해소
    ③ 의견불일치 - 대결 - 격화 - 진정 - 갈등 해소
    ④ 대결 - 의견불일치 - 격화 - 진정 - 갈등 해소

17. 다음 중 갈등해결 유형에 대한 설명으로 적절한 것은?
    ① 회피형은 자신에 대한 관심은 높고 상대방에 대한 관심은 낮은 경우를 말한다.
    ② 경쟁형은 자신에 대한 관심과 상대방에 대한 관심이 중간 정도인 경우를 말한다.
    ③ 수용형은 자신과 상대방에 대한 관심이 모두 낮은 경우를 말한다.
    ④ 통합형은 자신은 물론 상대방에 대한 관심이 모두 높은 경우를 말한다.

18. 윈-윈 갈등 관리법에 대한 설명으로 적절하지 않은 것은?
    ① 문제의 본질적인 해결책을 얻을 수 있는 방법이다.
    ② 갈등을 피하고 상호 타협으로 예방하기 위한 방법이다.
    ③ 갈등 당사자 간에 서로 원하는 바를 얻을 수 있는 방법이다.
    ④ 긍정적인 접근 방식으로 갈등해결책을 탐색하는 방법이다.

19. 다음 중 협상에 대한 설명으로 적절하지 않은 것은?
   ① 협상은 갈등관계에 있는 이해당사자간에 대화를 통해 갈등을 해결하고자 하는 상호작용 과정이다.
   ② 협상은 자신의 욕구충족을 위해 상대방으로부터 최선의 것을 얻어내기 위해 상대방을 설득하는 커뮤니케이션 과정이다.
   ③ 협상에서 성공하기 위해서는 시종 협상의 통제권을 잃지 않도록 해야 한다.
   ④ 일반적으로 협상의 과정은 협상 시작, 상호 이해, 실질 이해, 해결 대안, 합의 문서 작성의 5단계로 구분할 수 있다.

20. 다음 중 협상전략에 대한 설명으로 적절하지 않은 것은?
   ① 협력전략은 협상 당사자들이 자신들의 목적이나 우선순위에 대한 정보를 서로 교환하여 이를 통합적으로 문제를 해결하고자 할 때 사용한다.
   ② 유화전략은 자신의 주장을 견지하면서 자신과 상대방의 주장을 절충하여 서로 양보하고자 할 때 사용한다.
   ③ 회피전략은 상대방에게 돌아갈 결과나 자신에게 돌아올 결과에 대하여 전혀 관심을 가지지 않을 때 사용한다.
   ④ 강압전략은 자신의 주장을 상대방에게 확실하게 제시하고 일방적인 양보를 얻어내는 전략이다.

21. 협상의 설득전략 중 어떤 과학적인 논리보다 동료나 사람들의 행동에 의해서 상대방 설득을 진행하는 전략은?
   ① See-Feel-Change 전략   ② 상대방 이해 전략
   ③ 연결 전략   ④ 사회적 입증 전략

22. 다음 중 고객중심 기업의 특징이 아닌 것은?
   ① 외부고객을 가장 중요시 한다.
   ② 고객만족에 중점을 둔다.
   ③ 기업이 제공한 서비스에 대하여 주기적으로 재평가를 실시한다.
   ④ 기업의 전반적 관리시스템이 고객서비스 업무를 지원한다.

23. 트집형 고객에 대한 응대로 적절하지 <u>않은</u> 것은?
    ① 이야기를 경청하고 추켜세우며 설득한다.
    ② 분명한 증거나 근거를 제시하여 확신을 갖도록 유도한다.
    ③ 고객의 지적이 옳음을 표시하고 "저도 그렇게 생각하고 있습니다만..."하고 설득한다.
    ④ 잠자코 고객의 의견을 들어주고 사과를 하는 응대가 바람직하다.

24. 다음 중 고객불만 처리 프로세스가 바르게 제시된 것은?
    ① 경청 - 공감표시 - 사과 - 해결약속 - 신속처리 - 처리확인 - 피드백
    ② 공감표시 - 사과 - 경청 - 해결약속 - 신속처리 - 피드백 - 처리확인
    ③ 경청 - 공감표시 - 사과 - 해결약속 - 신속처리 - 피드백 - 처리확인
    ④ 공감표시 - 사과 - 경청 - 해결약속 - 신속처리 - 처리확인 - 피드백

25. 다음 중 고객만족 조사 계획과 관련한 설명으로 적절하지 <u>않은</u> 것은?
    ① 조사 분야와 조사 대상을 명확하게 설정해야 한다.
    ② 고객만족 조사방법에는 설문조사, 심층면접법 등이 있다.
    ③ 고객만족 조사는 궁극적으로 종업원의 업무성과를 평가하는데 목적이 있다.

# 참고자료

- ▢ 　　　(역). (2005). 　　　사람들의 7가지 습관. 김영사.
- ▢ 김정기. (2004). 협상의 법칙. 청년정신.
- ▢ 김진모, 정철영, 나승일. (2002). 재직근로자 대상 직업기초능력 신장 프로그램 개발. 우송정보대학.
- ▢ 박재원 외(역). (2010). 변혁적 리더를 위한 리더십 코칭. 김앤김북스..
- ▢ 박정환(역). (2009). 리더십의 정석. 이파로스..
- ▢ 안진환(역). (2003). 팀워크북. 제우스.
- ▢ 에듀프로. 상담원 기본.
- ▢ 에듀프로. CS로 가는길.
- ▢ LG산전. (2005). 문제해결스킬과정. LG산전 연수교재.
- ▢ 오용진(역). (1999). 리더십-매니지먼트 시리즈 3. (주)러닝솔루션.
- ▢ 원창희. (2012). 갈등관리의 이해. 한국문화사.
- ▢ 이상욱, 장윤현, 이성호, 류한호(역). (1997). 팀워크만들기와 성과 향상. 21세기북스..
- ▢ 이영희. (2010). 최신 서비스마케팅. 두남.
- ▢ 이영희 외. (2010). 자기주도형 인성과 경력개발. 백석문화대학교..
- ▢ 이용태. (2010). 인성교육, 성적보다 먼저다. 에디터.
- ▢ 이은찬. (2002). 리더십 깨우기. 도어출판.
- ▢ 이홍재(역). (1999). 협상기술. 청림출판.
- ▢ 임희선(역). (2004). 한계를 뛰어넘는 비즈니스 협상. 혜문서관.
- ▢ 임붕영. (2002). 고객을 행복하게 하는 서비스 바이러스. 무한.
- ▢ 임태조(역). (2005). 팀장 리더십. 위즈덤하우스.
- ▢ 장동운. (2009). 갈등관리와 협상기술. 무역경영사.
- ▢ 조은경(역). (2007). 팀워크를 위한 10가지 성공전략. 가람문학사.
- ▢ 채천석(역). (2003). 팀워크를 혁신하는 17가지 불변의 법칙. 청우.
- ▢ 최염순(역). (2011). 리더십마스터하기. 씨앗을 뿌리는 사람.
- ▢ 천대윤. (2005). 갈등관리와 협상전략론. 선학사.
- ▢ 한인영, 이용하(역). (2005). 갈등해결의 기법. 시그마프레스.
- ▢ 현대경제연구원. (2000). 리더십-HBR 페이퍼백 시리즈 3. 21세기북스.
- ▢ 홍석우(역). (2004). 최상의 팀 만들기. 한울 아카데미.

# 학습평가 정답 및 해설

##  학습모듈 F-1: 대인관계능력

### 1: 대인관계능력의 의미와 중요성

- 1 정답 : 갈등, 요구
  해설 : 대인관계능력이란 조직원들과 협조적인 관계 유지, 조직구성원들에게 업무상의 도움, 조직내부 및 외부의 갈등 해결, 고객의 요구 충족 등의 내용을 포괄하는 개념임

- 2 정답 : ④
  해설 : 인간관계를 형성할 때 가장 중요한 것은 무엇을 말하느냐, 어떻게 행동하느냐 하는 것 보다는 우리의 사람됨임. 대인관계에 있어서 기법이나 기술은 내면으로부터 자연스럽게 나오는 것이어야 함. 인간관계의 출발점은 자신의 내면임

###  2: 대인관계 향상 방법

- 1 정답 : 상대방에 대한 이해심, 사소한 일에 대한 관심, 약속의 이행, 기대의 명확화, 언행일치, 진지한 사과

- 2 정답 : ④
  해설 : 감정은행계좌에 예금을 적립한다는 것은 대인관계를 향상시킨다는 의미이다. 대인관계를 향상시키는 방법은 매우 다양하다. 보기 ①번은 '상대방에 대한 이해심', 보기 ②번은 '사소한 일에 대한 관심', 보기 ③번은 '약속의 이행'을 의미하는 것으로 모두 대인관계를 향상시키는 방법과 연관이 있다. 보기 ④번은 '진지한 사과'와 관련이 있기는 하지만 잘못한 일에 대한 반복된 사과는 오히려 대인관계 향상에 좋지 않은 영향을 미칠 수도 있다.

##  학습모듈 F-2-가: 팀워크능력

### 1: 팀워크의 의미

- 1 정답 : ②
  해설 : 팀워크란 팀 구성원이 공동의 목적을 달성하기 위하여 상호 관계성을 가지고 협력

하여 일을 해 나가는 것을 의미한다. 팀워크의 유형은 협력, 통제, 자율의 세가지 기제에 따라 구분할 수 있으며, 효과적인 팀은 명확한 비전과 목표를 공유한다. 보기 중 ②는 사람들로 하여금 집단에 머물도록 하고 계속 남아 있기를 원하게 만드는 힘으로서 응집력에 대한 설명이다.

 2: 효과적인 팀의 특성

○ 1 정답
① 명확하게 기술된 사명과 목표 : 목표와 목적을 공유하게 되면 팀원들의 팀에 대한 헌신을 높일 수 있음
② 창조적인 운영 : 새로운 프로세스타 기법을 실행할 수 있는 기회 추구, 유연하고 창조적인 문제해결
③ 결과에 초점을 맞추기 : 팀원 모두가 공유하는 목표에 따른 최적 생산성 확인
④ 역할과 책임의 명료화 : 변화하는 요구와 목표 그리고 첨단 기술에 따른 역할과 책임 수정
⑤ 조직화 : 규약, 절차, 방침의 명확한 규정, 잘 짜여진 구조
⑥ 개인의 강점 활용 : 팀원의 강점 및 약점 확인 및 팀원 개개인의 능력을 효율적으로 활용
⑦ 리더십 역량 공유 : 팀원에게 각각 리더로서 능력을 발휘할 기회 제공, 팀원들의 감독자의 역할에 대한 충분한 이해
⑧ 팀풍토 발전 : 높은 참여도와 집단 에너지(시너지)를 갖고 열정적인 업무 활동
⑨ 의견의 불일치를 건설적으로 해결 : 개방적인 문제해결, 갈등의 존재 인정, 상호 신뢰를 바탕으로 솔직한 토의
⑩ 개방적인 의사소통 : 직접적이고 솔직한 대화, 상대방에 대한 조언, 상대의 의견을 충분히 반영, 아이디어 적극 활용
⑪ 객관적인 의사결정 : 합의를 통한 의사결정, 내려진 결정에 대한 지원, 의사결정에 대한 명확한 이해 및 수용, 상황별 대응계획 마련
⑫ 팀 자체의 효과성 평가 : 자체의 운영방식에 대한 점검, 지속적인 개선 및 전향적 관리

○ 2 정답
해설 : 팀의 발전을 특징짓는 단계는 형성기, 격동기, 규범기, 성취기 등의 네 단계로 구분할 수 있으며, 각 단계의 특징적 상황은 다음과 같다.
  형성기 : 팀 구축의 초기단계로서 팀원들이 팀에서 인정받기를 원하며, 다른 팀원들을 신뢰할 수 있는지 탐색할 때
  격동기 : 팀원들간에 과제를 수행하면서 마찰이 일어나고, 리더십이나 구조, 권한, 권위에 대한 문제 전반에 걸쳐서 경쟁심과 적대감이 나타날 때
  규범기 : 팀원간에 응집력이 생기고 개인의 주장보다 공동체 형성과 팀의 문제해결에 더욱 집중할 때

성취기 : 팀원들은 사기충천하고 팀에 대한 충성심이 높으며, 팀의 역량과 인간관계의 깊이를 확장함으로써 가장 생산적인 팀의 모습으로 비춰질 때

 3: 멤버십의 의미

1 정답 : 팔로우어십(Followership)
해설 : 멤버십이란 팔로우어십과 같은 개념임. 팔로우어십(Followership)이란 리더를 따르는 것으로, 따르는 사람들은 헌신, 전문성, 용기, 정직하고 현명한 평가 능력이 있어야 한다. 따르는 자는 융화력이 있어야 하고 겸손함이 있어야 하며 리더의 결점이 보일 때도 덮어주는 아량이 있어야 한다.

 1: 팀워크 촉진방법

1 정답 : ③
해설 : 협력을 장려하는 환경을 조성하기 위한 몇 가지 비결에는 다음과 같은 것들 있다. ① 팀원의 말에 흥미를 가지고 대하라, ② 상식에서 벗어난 아이디어에 대해 비판하지 말라, ③ 모든 아이디어를 기록하라, ④ 아이디어를 개발하도록 팀원을 고무시켜라, ⑤ 많은 양의 아이디어를 요구하라, ⑥ 침묵을 지키는 것을 존중하라, ⑦ 관점을 바꿔보라, ⑧ 일상적인 일에서 벗어나 보라 이에 따라 보기 중 ③번은 잘못 제시된 것임을 알 수 있다.

2 정답 : 의사결정의 질
 - 쟁점의 모든 측면을 다루었는가?
 - 모든 팀원과 협의하였는가?
 - 추가 정보나 조언을 얻기 위해 팀 외부와 협의할 필요가 있는가?
구성원의 동참
 - 모든 팀원이 의사결정에 동의하는가?
 - 팀원들은 의사결정을 실행함에 있어서 각자의 역할을 이해하고 있는가?
 - 팀원들은 의사결정을 열성적으로 실행하고자 하는가?
해설 : 훌륭한 의사결정을 내리기 위해서는 결정의 질과 구성원의 동참이라는 두 가지 측면을 고려하여야 한다. 양질의 의사결정은 올바른 추론에 의해 뒷받침되는 논리적인 결정이며, 양질의 의사결정을 내리기 위해서는 위에 제시된 세 가지 질문을 고려하여야 한다. 또한, 모든 팀원의 지지를 받는 의사결정은 팀원의 동참을 이끌어내는 것이며, 의사결정에 대해 팀원들의 찬동을 얻기 위해서는 위에 제시된 세 가지 질문을 고려해야 한다.

2: 팀워크 강화 게임

1. 정답 : 팀워크 강화 게임의 운영 절차
   ① 팀워크 게임을 준비하라
   ② 팀원들에게 게임에 대해 설명하라
   ③ 게임을 시작하기 전에 팀원들의 이해 여부를 점검하라
   ④ 게임을 실행하고 수행 과정을 코치하라
   ⑤ 게임을 분석·평가하고, 현장의 적용가능성을 토의하라

2. 정답
   해설 : 팀워크를 개발하기 위한 3요소는 팀원 간의 신뢰쌓기, 참여하기, 성과내기로 이루어진다. 먼저 각각의 팀원이 조직의 목표를 생각하면서 팀원 간에 신뢰가 쌓여야 한다. 그리고 팀 활동에 참여해야 하며, 그 신뢰와 참여한 결과가 성과로 나와야 한다. 이러한 3요소는 실제 현장에서 팀원들을 통해 서로 연계되어 개발되고 적용되어야 한다.

# 학습모듈 F-2-나: 리더십능력

 1: 리더십의 의미

1 정답 : ④
   해설 : 리더십의 발휘 구도는 산업사회에서 정보사회로 바뀌면서 수직적 구조에서 전방위적 구조의 형태로 바뀌었다. 과거에는 상사가 하급자에 리더십을 발휘하는 형태만을 리더십으로 보았으나, 오늘날은 리더십이 전방위적으로 발휘된다. 즉, 상사가 하급자에게 발휘하는 형태 뿐만 아니라 동료나 상사에게까지도 발휘해야 되는 형태를 띤다.

2 정답 : ④
   해설 : 리더와 관리자는 다른 개념이다. 보기 중 ④번은 관리자에 대한 설명으로서, 리더는 '어떻게 할까'에 초점을 맞추기 보다는 '무엇을 할까'에 주안점을 둔다.

2: 리더십 유형

1 정답
독재자 유형 : 통제 없이 방만한 상태, 가시적인 성과물이 안 보일 때
민주주의 근접 유형 : 혁신적이고 탁월한 부하직원들을 거느리고 있을 때
파트너십 유형 : 소규모조직에서 경험, 재능을 소유한 조직원이 있을 때
변혁적 유형 : 조직에 있어서 획기적인 변화가 요구될 때
해설 : 독재자 유형은 특히 집단이 통제가 없이 방만한 상태에 있을 때 혹은 가시적인 성과물이 보이지 않을 때 사용한다면 효과적일 수 있다. 이러한 경우 독재자 유형의 리더는 팀원에게 공정히 업무를 나누어주고, 그들 스스로가 결과에 대한 책임을 져야 한다는 것을 일깨울 수 있다. 민주주의에 근접한 방식은 혁신적이고 탁월한 부하직원들을 거느리고 있고, 또 그러한 방향을 계속적으로 지향할 때 가장 효과적이다. 기발하고 엄청난 아이디어를 가졌다고 할지라도, 양적인 것이 항상 질적인 것까지 수반하는 것은 아니며, 리더에게는 옳고 그름을 결정할 책임이 있다. 파트너십 유형은 소규모 조직에서 풍부한 경험과 재능을 소유한 개개인들에게 적합하며, 신뢰, 정직 그리고 구성원들의 능력에 대한 믿음이 파트너십의 핵심요소이다. 마지막으로 변혁적 유형은 개인, 집단, 조직에 있어서 획기적인 변화가 요구될 때 이상적이다.

 3: 동기부여 방법

1 정답 : ④
해설 : 외적인 동기유발제는 일시적으로 효과를 낼 수 있으며, 단기간에 좋은 결과를 가져오고 사기를 끌어올릴 수 있지만, 그 효과는 오래가지 못한다. 조직원들이 지속적으로 자신의 잠재력을 발휘하도록 만들기 위해서는 외적인 동기유발 그 이상의 것을 제공해야 한다.

 4: 코칭으로 리더십 역량 강화

1 정답 : ③
해설 : 코칭은 명령을 내리거나 지시를 내리는 것보다 많은 시간이 걸리고 인내가 필요한 활동이다. 하지만 코칭이 이루어졌을 때 팀 전체가 실현하는 결과는 이루 헤아릴 수 없을 정도로 엄청나다.

5: 임파워먼트의 의미

🎯 1 정답 : ②

해설 : 반임파워먼트 환경에서 사람들은 현상을 유지하고 순응하려는 경향을 보이며, 임파워먼트 환경에서는 사람들의 에너지, 창의성, 동기 및 잠재능력이 최대한 발휘되는 경향을 보인다.

 1: 변화관리 방법

🎯 1 정답 : ②

해설 : 조직에서 일어나는 변화가 모두 바람직한 것은 아니다. 변화를 단행하기 전에는 반드시 현재의 상황을 면밀히 검토해야 한다. 불완전한 생각이나 형편 없는 판단, 실행에 옮기기 전에 다른 사항을 충분히 검토해야 할 필요성 등에 대해 확실히 알게 될 것이다. 이렇게 단계적으로 진행해가면 섣부르게 변화를 서둘러 실패를 초래하는 위험을 막을 수 있으며, 직원들이 변화를 자신의 일처럼 생각하게 된다.

## ■ 학습모듈 F-2-다: 갈등관리능력

 1: 갈등의 의미와 원인

🎯 1 정답 : ②

해설 : 갈등을 확인할 수 있는 단서에는 지나치게 감정적인 논평과 제안, 타인의 의견발표가 끝나기 전에 타인의 의견을 공격, 핵심을 이해하지 못한데 대해 서로 비난, 편을 가르고 타협하기를 거부, 개인적인 수준에서 미묘한 방식으로 서로를 공격 등이 있다.

🎯 2 정답 : ②

해설 : 갈등을 증폭시키는 원인에는 '승・패의 경기', 문제해결보다는 '승리하기'에 집착, 공동의 목표를 달성할 필요성을 느끼지 않는 것, 각자의 입장만을 고수, 자신의 입장에 감정적으로 묶이는 것 등이 있다.

 2: 갈등의 쟁점 및 유형

🎯 1 정답 : ③

해설 : 핵심문제에는 역할 모호성, 방법에 대한 불일치, 목표에 대한 불일치, 절차에 대한 불일치, 책임에 대한 불일치, 가치에 대한 불일치, 사실에 대한 불일치 등이 있다. 보기 중 ③은 핵심문제가 아니라 감정적 문제에 대한 설명이다.

 2 정답 : 불필요한 갈등, 해결할 수 있는 갈등

해설 : 갈등의 두 가지 유형은 불필요한 갈등과 해결할 수 있는 갈등으로 구분할 수 있다.

### B 3: 갈등해결방법 모색

○ 1 정답 : ②

해설 : 갈등해결방법을 모색하는데 있어서 어려운 문제에 직면하였을지라도 피하지 말고 적극적으로 대응하는 것이 중요하다.

○ 2. 정답

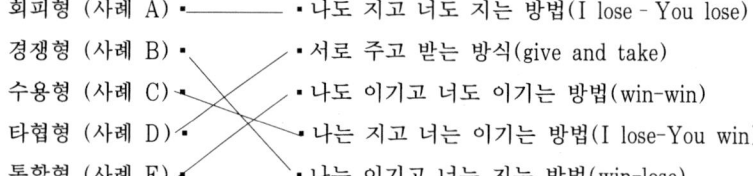

### B 4: 윈-윈 갈등관리법의 의미

○ 1 정답 : ②

해설 : 갈등을 피하거나 타협으로 예방하려고 하는 접근법은 상당히 효과적이기는 하지만 문제를 근본적으로 해결해주는 데에는 한계가 있다. 갈등과 관련된 모든 사람으로부터 의견을 받아서 문제의 본질적인 해결책을 얻고자 하는 방법이 '윈-윈(Win-Win) 갈등 관리법'이다.

### A 1: 조직의 갈등 줄이는 방법

 1 정답 : ④

해설 : 갈등해결의 장애물을 극복하기 위한 팀원의 자세로는 ① 행동에 초점을 맞추기, ② 상황을 기술하는 식으로 말하기, ③ 간단명료하게 말하기, ④ 개방적이 되기, ⑤ 시간과 장소를 고려하기, ⑥ 낙관적으로 말하기, ⑦ 지원하는 입장에서 말하기 등이 있다.

# 학습모듈 F-2-라: 협상능력

 1: 협상의 의미

○ 1 정답
  의사소통 차원 : 이해당사자들이 자신들의 욕구를 충족시키기 위해 상대방으로부터 최선의 것을 얻어내기 위해 상대방을 설득하는 커뮤니케이션 과정
  갈등해결 차원 : 갈등관계에 있는 이해당사자들이 대화를 통해서 갈등을 해결하고자 하는 상호작용과정
  지식과 노력 차원 : 우리가 얻고자 하는 것을 가진 사람의 호의를 쟁취하기 위한 것에 관한 지식이며 노력의 분야
  의사결정 차원 : 선호가 서로 다른 협상 당사자들이 합의에 도달하기 위해 공동으로 의사결정 하는 과정
  교섭 차원 : 둘 이상의 이해당사자들이 여러 대안들 가운데서 이해당사자들 모두가 수용가능한 대안을 찾기 위한 의사결정과정

 2: 협상의 과정

○ 1 정답
  협상 시작 : 협상당사자들 사이에 상호 친근감을 쌓고, 협상진행을 위한 체제를 짬
  상호 이해 : 갈등문제의 진행상황과 현재의 상황을 점검함
  실질 이해 : 겉으로 주장하는 것과 실제로 원하는 것 구분하여 실제로 원하는 것을 찾아냄
  해결 대안 : 협상 안건마다 대안들을 개발함
  합의 문서 : 합의문을 작성하고 서명함

 3: 협상전략의 종류

○ 1 정답
  협력 전략 : "Win-Win"전략, "I Win, You Win, We Win"전략
  유화 전략 : "Lose-Win"전략, "I Lose, You Win"전략
  회피 전략 : "Lose-Lose"전략, "I Lose, You Lose, We Lose"전략
  강압 전략 : "Win-Lose"전략, "I Win, You Lose"전략

1: 상대방 설득 방법

🎯 1 정답
　　a. See-Feel-Change 전략: 시각화하여 직접 보게 하여 스스로가 느끼게 하여 변화시켜 설득에 성공하는 전략
　　b. 상대방 이해 전략 : 상대방에 대한 이해를 바탕으로 갈등해결을 용이하게 하는 전략
　　c. 호혜관계 형성 전략 : 혜택들을 주고받은 호혜관계 형성을 통해 협상을 용이하게 하는 전략
　　d. 헌신과 일관성 전략 : 협상당사자간에 기대하는 바에 일관성 있게 헌신적으로 부응하여 행동함으로서 협상을 용이하게 하는 전략
　　e. 사회적 입증 전략 : 과학적인 논리보다 동료나 사람들의 행동에 의해서 상대방을 설득하는 전략
　　f. 연결전략 : 갈등 문제와 갈등관리자를 연결시키는 것이 아니라 갈등을 야기한 사람과 관리자를 연결시킴으로서 협상을 용이하게 하는 전략
　　g. 권위전략 : 직위나 전문성, 외모 등을 활용하여 협상을 용이하게 하는 전략
　　h. 희소성 해결 전략 : 인적, 물적 자원 등의 희소성을 해결함으로서 협상과정상의 갈등해결을 용이하게 하는 전략
　　I. 반항심 극복 전략 : 억압하면 할수록 더욱 반항하게 될 가능성이 높아지므로 이를 피함으로서 협상을 용이하게 하는 전략

## 학습모듈 F-2-마: 고객서비스능력

 1: 고객서비스의 의미

🎯 1 정답 : 요구, 서비스
　　해설 : 고객서비스의 핵심은 고객의 요구를 파악하여 양질의 서비스를 제공하는데 있음
🎯 2 정답 : ③
　　해설 : 고객중심 기업은 기업이 실행한 서비스에 대해 계속적인 재평가를 실시함으로써 고객에게 양질의 서비스를 제공하도록 서비스 자체를 끊임없이 변화시키고 업그레이드 한다.

 2: 고객의 불만표현 유형 및 대응방안

🎯 1 정답
　　거만형 : 정중하게 대하는 것이 좋다.
　　의심형 : 분명한 증거나 근거를 제시한다.

트집형 : 이야기를 경청하고 맞장구쳐 주고 추켜 세워준다.
빨리빨리형 : 애매한 화법을 사용하지 않는다.

 3: 고객 불만처리 프로세스

1 정답 :  경청, 사과, 정보파악, 피드백
해설 : 고객 불만 처리 프로세스는 경청, 감사와 공감표시, 사과, 해결약속, 정보파악, 신속처리, 처리확인과 사과, 피드백임

 1: 고객 만족조사 방법

1 정답 : 조사분야 및 대상 설정, 조사목적 설정, 조사방법 및 회수, 조사결과 활용 계획
2 정답 : O, X, X, O, X

## 총괄평가 정답 및 해설

1. 정답 : ④
   해설 : 대인관계를 형성할 때 있어서 가장 중요한 것은 무엇을 말하느냐, 어떻게 행동하느냐 하는 것 보다는 자신의 내면에서 우러나오는 사람됨이다.

2. 정답 : ②
   해설 : 대인관계능력이란 직장생활에서 협조적인 관계를 유지하고, 조직구성원들에게 업무상의 도움을 줄 수 있으며, 조직내부 및 외부의 (갈등)을 해결하고, 고객의 (요구)를 충족 시켜줄 수 있는 능력을 포괄하는 개념이다.

3. 정답 : ④
   해설 : 대인관계능력을 향상시키기 위한 방법으로 감정은행계좌에 예금을 적립하기 위해서는 상대방에 대한 이해심, 사소한 일에 대한 관심, 약속의 이행, 기대의 명확화, 언행일치, 진지한 사과 등의 노력이 필요하다. 보기 ④의 "잘못한 일에 대하여 반복되는 사과"는 상대방에게 처음 실수를 덮어버리기 위한 변명이나 의도적인 실수, 나쁜 동기 등으로 인식되어 불신을 받아 대인관계 향상에 오히려 나쁜 영향을 미칠 수 있다.

4. 정답 : ③
   해설 : 팀워크란 팀원들이 공동의 목적을 달성하기 위하여 상호 관계성을 가지고 협력하여 일을 수행해나가는 것을 의미한다. 또 응집력은 사람들로 하여금 집단에 머물도록 느끼게끔 만들고 그 집단의 멤버로서 계속 남아있게 만드는 힘으로서 팀워크와 구별되는 개념이다. 팀워크는 팀원 개인의 우수성에 의존하기보다 팀원간의 신뢰와 협동을 바탕으로 시너지 효과를 통한 조직의 목표 달성을 추구한다. 보기 ③의 멤버십이란 조직의 구성원으로서 자격과 지위를 갖는 것으로 훌륭한 멤버십은 팔로우어십의 역할을 충실하게 잘 수행하는 것으로서, 결국 멤버십과 팔로우어십은 같은 개념이다. 리더십은 멤버십 또는 팔로우어십과 상호 보완적인 관계에 있는 다른 개념이다.

5. 정답 : ③
   해설 : 효과적인 팀이 갖는 특성은 다음과 같다: 팀의 사명과 목표의 명확한 기술, 팀원의 역할과 책임관계 명료화, 팀원간의 개방적인 의사소통, 합의에 의한 객관적 의사결정 체제, 유연하고 창조적인 운영, 목표달성을 위한 결과에 초점을 맞추는 노력, 잘 규정된 팀의 조직화, 팀원 각자의 역량과 강점 활용, 리더십 역량의 공유와 팀원간의 상호 지원체제, 팀원의 적극적 참여와 열정에 의한 팀 풍토 발전, 상호 신뢰를 바탕으로 한 의견 불일치의 건설적 해결, 팀 자체의 운영방식과 효과성에 대한 지속적 점검과 평가 등

보기 ③에서 모든 팀원이 팀 리더의 역량과 의견에 따라야 한다면 소통의 부재, 팀 갈등 등으로 오히려 팀워크가 저해될 수 있다. 효과적인 팀이 되기 위해서는 팀원 간에 리더십 역할을 공유하고 모든 팀원에게 각각 리더로서 능력을 발휘할 기회를 제공하고, 팀의 공식 리더는 팀 노력을 지원하고 팀 개개인의 특성을 존중해야 한다.

6. 정답 : ①

해설 : 멤버십의 유형은 크게 소외형, 실무형, 순응형, 주도형, 수동형 등으로 구분할 수 있으며, 각 유형의 특징은 다음과 같다.
　　소외형은 자립적인 사람으로 냉소적, 부정적 시각을 가지고 있으며, 조직이 자신을 인정해주지 않는다는 인식을 갖는 유형을 말하며, 보기 ①은 올바른 설명이다.
　　실무형은 규정과 규칙에 따라 행동하며 사건을 균형잡힌 시각으로 보고 적당한 열의와 평범한 수완으로 업무를 수행한다.
　　순응형은 기쁜 마음으로 과업을 수행하며 팀플레이를 하고 리더나 조직을 믿고 헌신한다. 보기 ②와 ③은 실무형과 순응형에 대한 잘못된 설명이다.
　　주도형은 모범형이라고도 하며, 조직과 팀의 목적 달성을 위해 독립적, 혁신적으로 사고하고 역할을 적극적으로 실천하는 유형이다.
　　수동형은 판단이나 사고를 리더에 의존하며 리더의 지시가 있어야 행동하는 유형이다.

7. 정답 : ②

해설 : 팀워크를 촉진하기 위한 노력으로는 동료에 대한 피드백 장려, 팀원간의 갈등 해결, 참여적 의사결정, 협력을 통한 창의적 창의력 조성 등을 들 수 있다. 보기 ②의 팀장 주도의 의사결정은 팀원의 임파워먼트 발휘와 참여적 의사결정을 저해하게 된다.

8. 정답 : ②

해설 : 팀원간의 협력을 장려하는 환경을 조성하기 위한 노력은 다음과 같다; 다른 팀원의 말에 흥미를 가지고 대하라, 상식에서 벗어난 아이디어에 대해 비판하지 말라, 모든 아이디어를 기록하라, 아이디어를 개발하도록 팀원을 고무시켜라, 많은 양의 아이디어를 요구하라, 침묵을 지키는 것을 존중하라, 관점을 바꿔 보라, 일상적인 일에서 벗어나 보라 등이 있다. 보기 ②의 상식에서 벗어난 아이디어라고 생각되어 비판을 하게 되면 팀원 간에 의견충돌이나 갈등을 초래하여 협력 분위기를 깨트릴 수 있다.

9. 정답 : ①

해설 : 리더십에 대하여 명확히 규정된 정의는 없지만, 일반적인 정의나 개념은 다음과 같다.
　　- 자신의 주장을 소신 있게 나타내고 다른 사람들을 격려하는 힘

- 목표달성을 위해 어떤 사람이 다른 사람에게 영향을 주는 행위
- 조직의 목표달성을 위해 개인이 조직원들에게 영향력을 행사하는 과정
- 어떤 주어진 상황에서 목표달성을 위해 개인 또는 집단에 영향력을 행사하는 과정

보기 ①의 상사가 하급자를 지휘 감독하는 활동은 리더십의 개념으로 적절하지 못하다. 리더십은 과거에는 상사가 하급자에게 발휘하는 수직적 형태를 띠었지만, 오늘날에는 하급자와 상급자, 동료에게까지 전방위적으로 발휘되는 리더십으로서 조직의 목표달성을 위해 개인이나 집단에게 영향을 주는 행위로 정의되고 있다.

10. 정답 : ③

해설 : 리더십 유형은 독재자 유형, 민주주의에 근접한 유형, 파트너십 유형, 변혁적 유형 등으로 구분된다. 독재자 유형은 집단이 통제가 없이 방만할 때 효과적이며, 모든 정보를 리더가 독점하고 질문이 않되고 실수가 용납되지 않는다. 민주주의에 근접한 유형은 팀원들의 적극적인 참여와 토론을 장려하되 최종결정권은 리더에게 둔다. 파트너십 유형은 리더를 비롯하여 모든 구성원들은 동등하게 대우를 받으며, 결과에 대하여 책임을 공유한다. 변혁적 유형은 조직이 획기적인 변혁이 요구될 때 활용되며, 리더는 조직에 명확한 비전을 제시하고 자기확신과 존경심, 충성심을 불어넣는다. 보기 ③에서 파트너십 유형은 리더가 다른 구성원들보다 많은 경험과 역량을 갖추고 있지만 다른 구성원들보다 더 비중있게 대우받아서는 안되기 때문에 부적절한 설명이다.

11. 정답 : ①

해설 : 조직원들의 잠재력을 지속적으로 발휘하도록 하기 위해서는 금전적 보상이나 승진, 편익 제공, 스톡옵션과 같은 외적인 동기부여 방식 그 이상을 제공해야 한다. 즉, 돈이나 편익 등 비본질적인 요인이 아닌 자기 내면의 순수한 욕구에 의해 동기를 부여받을 수 있도록 하는 것이 효과적이다. 긍정적 강화법 활용, 새로운 도전기회 부여, 창의적인 문제해결법 등이 대표적인 방법이다. 따라서 보기 ①의 설명은 부적절하다. 또한 공포분위기 조성과 같은 부정적인 동기부여는 단기적인 효과는 거둘 수 있지만 장기적으로는 심각한 한계상황을 초래함으로써 오히려 역효과를 만들어낼 수 있다.

12. 정답 : ④

해설 : 코칭 활동은 직원들의 능력을 신뢰하며 확신하고 있다는 사실에 기초한다. 코칭은 조직의 지속적인 성장과 성공을 만들어내는 리더의 능력이라고 할 수 있다. 또한 모든 사람을 팀에 관여하도록 하고, 프로젝트 또는 업무를 훌륭하게 수행하도록 하는데 기여한다. 코칭 활동은 다른 사람들을 지도하는 측면보다 이끌어주고 영향을 미치는데 중점을 둔다. 코칭에서 리더는 조직원을 기업에 기여하는 파트너로 인식하며, 지침보다는 질문과 논의를 통해, 통제 권한보다는 경청과 지원을

통해 원하는 결과를 이끌어내고자 한다. 따라서, 보기 ④는 코칭에 대한 설명으로 부적절하다.

13. 정답 : ②

    해설 : 임파워먼트란 권한위임을 통해 조직원들을 신뢰하고 그들의 잠재력을 개발함으로써 고성과 조직이 되도록 하는 행위를 말한다. 보기 ②에서 조직원들에게 단순히 업무위임을 하는 것은 권한위임을 의미하는 임파워먼트에 대한 설명으로 부적절하다. 그리고, 임파워먼트는 혁신성과 자발성을 이끌어내고 조직 전체의 목적에 헌신하도록 유도함으로써 방향감과 질서의식을 창출하게 한다. 임파워먼트의 장애요인은 개인, 대인, 관리, 조직의 4가지 차원에서 살펴볼 수 있다.

14. 정답 : ①

    해설 : 일반적으로 조직의 변화관리는 변화 이해하기, 변화 인식하기, 변화 수용하기의 3단계 과정을 거친다. 따라서 보기 ①은 옳은 표현이다. 보기 ②의 변화관리에 있어서 리더는 직원들을 어떻게 도울지를 고민하기에 앞서, 변화를 단행하기 전에 변화와 관련한 현재의 상황을 면밀히 검토해야 한다. 그래야만 변화의 배경과 필요성, 변화의 방향에 대한 조직내부의 이해와 공감을 얻을 수 있다. 보기 ③에서 조직에서 일어나는 변화가 모두 바람직한 것은 아니다. 불필요한 변화, 일시적인 상황요인에 의한 것 등이 있을 수 있다. 보기 ④의 조직의 변화에 부정적인 반응을 보이는 직원들에 대해서는 주의, 경고조치와 같은 강압적인 방법인 보다는 대화와 코칭, 지원 등의 개방적인 분위기를 조성하여 스스로 변화를 수용하도록 유도하는 것이 효과적이다.

15. 정답 : ②

    해설 : 목표달성을 위해 노력하는 팀이라면 갈등은 항상 있게 마련이다. 갈등은 항상 부정적인 것만은 아니다. 조직 내 갈등은 새로운 해결책을 만들어주는 기회가 될 수 있다. 조직의 갈등은 없거나 너무 낮으면 조직원들의 의욕이 상실되고 환경변화에 대한 적응력도 떨어지고 조직성과는 낮아지게 된다. 또 갈등수준이 너무 높으면 조직 내부에 혼란과 분열이 생기고 조직성과는 낮아지게 된다. 갈등 수준이 적정할 때는 조직 내부적으로 생동감이 넘치고 변화지향적이며 문제해결능력이 발휘된다. 팀원들이 승패의 경기를 시작하고 문제해결보다 승리하기를 원하면 적대적 행동이 유발되고, 이는 갈등의 증폭의 원인이 된다.

16. 정답 : ③

    해설 : 갈등의 과정은 먼저 구성원간에 '의견 불일치'가 발생하고, 의견 불일치가 해소되지 않으면 '대결 국면'으로 빠져든다. 여기서 서로의 입장을 계속 고수하게 되면 긴장도가 높아지고 감정적인 대응이 격화되면서 '격화 국면'으로 발전한다. 시간이 지나면서 갈등이 점차 감소하면서 '진정 국면'으로 들어서고, 당사자들은 문제

를 해결하지 않고는 자신들의 목표를 달성하기 어렵다는 것을 알게 되면서 '갈등 해소'를 하게 된다.

17. 정답 : ④
   해설 : 갈등해결의 유형은 5가지로 구분된다. 회피형은 자신과 상대방에 대한 관심이 모두 낮은 경우를 말한다. 경쟁형은 자신에 대한 관심은 높고 상대방에 대한 관심은 낮은 경우를 말한다. 수용형은 자신에 대한 관심은 낮고 상대방에 대한 관심은 높은 경우를 말한다. 타협형은 자신에 대한 관심과 상대방에 대한 관심이 중간 정도인 경우를 말한다. 마지막으로 통합형은 자신은 물론 상대방에 대한 관심이 모두 높은 경우를 말한다.

18. 정답 : ②
   해설 : 윈-윈 갈등 관리법은 갈등을 피하거나 타협적으로 접근하는 방식이 아니라 문제의 본질을 근본적으로 해결하고자 하는 방법이다. 그리고 철저한 사전 준비와 각 당사자의 입장에 기초하여 긍정적인 접근 방식으로 당사자 간에 서로 원하는 바를 얻을 수 있는 방법이다.

19. 정답 : ③
   해설 : 협상의 의미는 의사소통 차원에서는 "갈등관계에 있는 이해당사자간에 대화를 통해 갈등을 해결하고자 하는 상호작용 과정"이며, 의사소통 차원에서는 "이해당사자들이 자신의 욕구충족을 위해 상대방으로부터 최선의 것을 얻어내기 위해 상대방을 설득하는 커뮤니케이션 과정"이고, 갈등해결 차원에서는 "갈등관계에 있는 이해당사자들이 대화를 통해 갈등을 해결하고자 하는 상호작용과정"으로 정의할 수 있다. 또한 협상에서 나타나는 주요 실수에는 협상의 통제권을 잃을까 두려움이다. 협상은 통제권을 확보하는 것이 아니라 함께 의견 차이를 조정하면서 최선의 해결책을 찾는 것이기 때문이다. 일반적으로 협상의 과정은 협상 시작, 상호 이해, 실질 이해, 해결 대안, 합의문서 작성의 5단계로 구분할 수 있다.

20. 정답 : ③
   해설 : 협상전략은 크게 협력전략, 유화전략, 회피전략, 강압전략으로 구분되며, 보기 ③의 유화전략은 양보전략, 순응전략, 굴복전략이라고도 하며, 협상으로 인해 돌아올 결과보다는 상대방과의 인간관계 유지를 선호하여 상대방과 충돌을 피하고자 상대방의 주장에 대하여 자신의 욕구와 주장을 순응시켜 양보하고 굴복하는 전략을 말한다.

21. 정답 : ④
   해설 : 협상의 설득전략에는 See-Feel-Change 전략, 상대방 이해전략, 연결 전략, 사회적 입증 전략, 호혜관계 형성 전략, 헌신과 일관성 전략, 권위 전략, 희소성 해결

전략, 반항심 극복 전략 등이 있다. 이 중 어떤 과학적인 논리보다 동료나 사람들의 행동에 의해서 상대방 설득을 진행하는 전략은 '사회적 입증전략'이라 한다. See-Feel-Change 전략은 직접 보게 하여(See) 이해시키고, 스스로 느끼게 하여(Feel) 감동시키며, 변화시켜(Change) 설득하는 전략이다. 상대방 이해 전략은 상대방에 대한 이해를 우선하여 갈등해결을 도모하는 전략이다. 연결 전략은 협상 과정에서 갈등이 발생할 때 그 갈등을 야기한 사람과 관리자를 직접 연결하여 갈등 해결을 도모하는 전략이다.

22. 정답 : ①
   해설 : 고객중심 기업은 내부고객과 외부고객을 모두 중요시 하며, 고객의 욕구에 기초하여 고객만족에 중점을 둔다. 또 지속적으로 고객서비스를 재평가함으로써 고객에게 양질의 서비스를 제공할 수 있도록 서비스를 끊임없이 업그레이드 한다. 아울러 기업의 전반적 관리시스템이 전사적으로 고객서비스 업무를 지원한다.

23. 정답 : ②
   해설 : 트집형 고객에 대해서는 반박을 하기보다는 이야기를 경청하고 추켜 세우며, 고객의 지적이 옳음을 표시하고 "저도 그렇게 생각하고 있습니다만..."하고 설득한다. 잠자코 고객의 의견을 들어주고 사과를 하는 응대가 바람직하다. 보기 ②의 분명한 증거나 근거를 제시하여 확신을 갖도록 유도하는 방법은 의심형 고객에게 해당된다.

24. 정답 : ①
   해설 : 고객불만 처리 프로세스는 먼저 불만사항에 대한 경청 ⇒ 감사와 공감표시 ⇒ 사과 ⇒ 해결약속 ⇒ 신속처리 ⇒ 처리확인 및 사과 ⇒ 피드백 등의 절차로 이루어진다.

25. 정답 : ③
   해설 : 고객만족 조사의 목적은 고객의 주요 요구를 파악하여 자사가 가지고 있는 자원을 토대로 경영 프로세스의 개선에 활용함으로써 경쟁력을 증대시키는 것이라고 할 수 있다. 따라서 보기 ③의 설명은 부적절하다.

학습자용 워크북

## 기초직업능력프로그램 대인관계능력

초판 인쇄 2017년 01월 20일
초판 발행 2017년 01월 25일
저자 　한국산업인력공단
발행인 김갑용
발행처 진한엠앤비
주소 서울시 서대문구 독립문로 14길 66 205호
　　　(냉천동 260, 동부센트레빌아파트상가동)
전화 02) 364 - 8491(대) / 팩스 02) 319 - 3537
홈페이지주소 http://www.jinhanbook.co.kr
등록번호 제25100-2016-000019호 (등록일자 : 1993년 05월 25일)
ⓒ2017 jinhan M&B INC, Printed in Korea

ISBN 979-11-7009-965-9  (93550)　　　[정가 18,000원]

☞ 이 책에 담긴 내용의 무단 전재 및 복제 행위를 금합니다.
☞ 잘못 만들어진 책자는 구입처에서 교환해드립니다.
☞ 본 도서는 [공공데이터 제공 및 이용 활성화에 관한 법률]을 근거로
　 출판되었습니다.